教室の中の困ったを安心に変える102のポイント

価値語102
も提示

菊池省三／菊池道場

中村堂

はじめに

全国の学校や教室に伺って、１時間限りの授業をさせていただく日々が続いています。そのときに出会った子どもたちの姿の中に「～ない」状態をいつからか感じるようになりました。「手を挙げない」「ノートに書いたことしか言わない」「（前の人と意見が同じだったときに）『同じです』としか言わない」…。

それは、子どもたちのせいなのでしょうか？

職員室で、「今年のクラスの子たちは、全然手を挙げないのよね」とか、「うちのクラスでは、ノートに書いたことしか言わない」などといった会話がされていないでしょうか？

そうした「～ない」状態を見たときに「即対応」することが重要です。「マイナスの状態」が教室にあったときこそが、「プラスの状態」に転換していく絶好のチャンスなのです。

私は、この問題意識を基本として、2019年５月の連休の最中、北九州の菊池道場で、10人ほどの仲間と「読む」「書く」「話す」「聞く」「話し合う」の領域ごとに、典型的な「～ない」状態を10個ずつ計50項目出し合い、それに対してどのような声かけをしたり、価値語を示したりするのが有効か、という学びをしました。

右ページの写真は、その合宿の様子と学びの内容を記録したホワイトボードです。

その後、道場の若手メンバーが、私の授業を記録したDVD（筒井勝彦監督制作）を見て気づいたことまとめて送ってくださいました。私は、その気づきを、「学習者である子どもの安心感につながる教師の教授行為について考える」「授業中における教師の微細技術から『観』の違いを見出す」という２つの視点で、その中の31の項目について分析し、７つずつコメントを書きました。一つ一つの教授行為について、その目的や価値、効果を書きました。

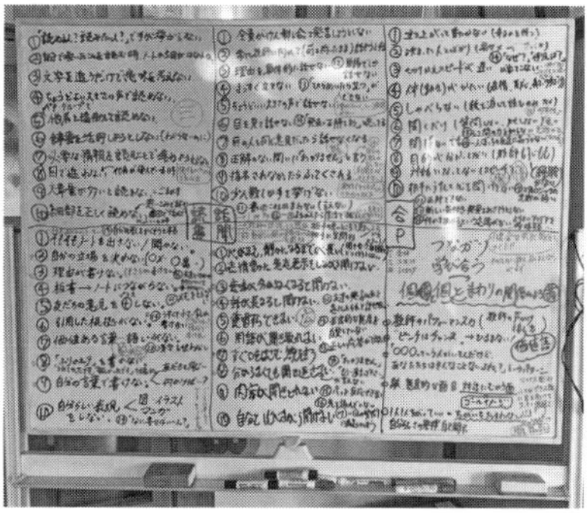

するとそれは、上記の「〜ない」状態を克服するためにしている私自身の日常的な教授行為であることが分かりました。

さらに、全国の学校や教室にお伺いする折々にメモをしながら書き溜めた「教師の指導のポイント」を、「1日の最初から最後までの教師の指導ポイント10」と「授業中の教師の指導ポイント10」の2つに分けて整理しました。

最後に、合宿で集めた50のポイントが、菊池学級の話し合いではどのようになっていたのか、教室の中の「困った」を「安心」に変えたとき、子どもたちはどんな学びを実現することができるのかについて、「ドキュメンタリー映画『挑む』　菊池省三　白熱する教室第一部」に収録された「海の命」の話し合いの映像を分析することで、50のポイントの重要性をより鮮明にしてみようと試み、51項目目のポイントとしました。

こうしてまとまったのが本書「教室の中の困ったを安心に変える102のポイント」です。7支部23人の道場メンバーの協力を得て、この本は完成しました。

教室の中の「困った」を「安心」に変えて、豊かな対話・話し合いでコミュニケーションあふれる教室が全国に広がっていくことを期待しています。

2020年1月　菊池道場　道場長　菊池省三

● もくじ ●

第1章

対話的な授業づくりのための

51の教授行為

1　授業記録に寄せられたコメントから考える教授行為31

2　1日の最初から最後までの教師の指導ポイント10

3　授業中の教師の指導ポイント10

4　菊池省三が考える「授業観」試案⑥

第1章－1

授業記録に寄せられたコメントから考える教授行為31

菊池　省三（菊池道場道場長）

菊池道場の若手教師が、私自身の授業を記録したDVD（筒井勝彦監督制作）を見て気づいたことを59項目にまとめて私に手渡してくださいました。その中の31の項目について、私が7つずつコメントを書きました。一つ一つの教授行為について、その目的や価値、効果を書いています。また、内容によってはそこから考えたことや関連したことにもふれています。

若手教師の気づきに、

◆学習者である子どもの安心感につながる教師の教授行為について考える

◆授業中における教師の微細技術から「観」の違いを見出す

というねらいでまとめました。

本書の第2章以降にまとめられた「教室あるある」の様々な局面の中で、「困った」状態を「安心」へと転換していくための31の教授行為です。

1．「チラ見しません」→禁止したいことをきつくない言い方で言う。

①子ども目線のちょっと砕けた言い方　例）ガン見、チコちゃんに…、意味分からんし〜、

②①はユーモアを生み出す

③健全な共犯関係をつくり出す

④不要な厳密さ（「話をしません」など）を要求しないで不安感を生み出さない

⑤自分もできそうだという安心感につながる
⑥教師が子ども目線に降りる
⑦親近感を生み出す

2．「たぶんあなたたちは〜」一つ先の未来の話をする。

①愛情想像力・具体的な今の事実を話したあとに、未来予想を話す
②望ましいめざす方向を伝える
③自分たちはできそうだとやる気にさせる
④今のことではなく未来のことは安心して考えられる
⑤子どもたちの所属意識に問いかける
⑥サンデル教授の「私たち」の効果（「君たち」ではない）
⑦前向きな気持ちを学級全体に生み出す

3．「他の人には聞かれたくないんだけど」→急に声を小さくして１対１の空気をつくる。

①小さな声で大切なことを話し、聞き耳を立てさせる
②変化があると人間は集中する
③小さな声で意図的に話すと視線を全体に送ることができる
④１対１を聞かせようとすることで、全体の聞いている様子にも意識がいく
⑤④だから、全体に意識して聞かせることが可能になる
⑥全体で健全な共犯関係をつくることができる
⑦普通のときは聞こうとしない子も、この変化で聞こうとして変わる→ほめることが可能

4．一人に声をかける。→逆に全員に伝わる。

①教室に立体感をつくり出す
②子どもたちに自分の聞き方を促す

③自分なりの聞き方を促すことは自由度を保障することと考える
④１対１が全体の一体感を生み出す
⑤教師の話す内容を実行しようという空気が生まれる
・ここでできる学級とできない学級がある。それをまた話す「こう話してもできない学級もあるんだけど…」
⑥多くの場合は立ち歩きの対話学習だから、言葉通りに動けるかで学びの実態と人間関係がみえてくる
⑦⑤ができるかどうかの内容は「仕方の説明」、このあとに「価値の説明」を行う

５．わざわざ教室の真ん中で立って、黒板を見る。→子どもたちの目線をそろえさせる。

①教師の強い覚悟を立ち位置で示す
②全員を束ねるつもりで移動の動きに緩急をつける
③移動するときには大きく手を動かす
④目線を全体に移動させながら立ち位置を決める
⑤以上の動きを大きくすることで、その後の教師の目線を追わせる
⑥「音を消す」「目線を全員が揃える」などの価値語で集中させる
⑦背中越しに声を聞くという緊張感を雰囲気から感じる（感じさせる）

６．「書いたら発表」「ルールにしよう」「もっと（学びが）ダイナミックになりますね！」→端的にこれからの学びの方向を示す。

①全員参加の大原則は書かせること
②書いたあとに「発表できる人」と聞くことは教師の逃げ
③②を行うということは正解主義の発想であり、話し合って考え続ける授業ではない

④「書いたら発表」程度の負荷を普通に与えるべきである
⑤他に「相談したら発表」「自分のことは発表」「友達の意見に対しての感想は発表」とレベルを上げる
⑥ダイナミックな学びは立ち歩きの少人数による話し合いである
⑦教師がめざす授業像を明確に示さなければならない

7.「勝てると思う人はやる気の姿勢」→自然な声かけで規律を意識させる。

①教室にゆるやかな勝ち負けの意識が出てくる活動をもち込む
②あるべき態度を示させることでピリッとした学びの空気を出させる
③全員の学びを「型→自由→型→…」の表現の基本形のサイクルにしていく
④③でいう型は、規律や話し合いの仕方であり、自由は活動そのものである
⑤この指示も「ＡさせたいならＢと言え」と同じ効果がある
⑥よい姿勢を端的に表す。教師の言葉は短く端的に
⑦⑥によって教室の中にスピード感、テンポとリズムが生まれる

8．書いたこと（キーワード）をあえて言わない。→不完全さを出し、逆に注目させる。

①集中度を上げる
②無駄を省き、ピリッとした空気感を出す
③授業はスピードが必要であり、無用な優しさはいらない
④不要な「みんなといっしょに」ではなく、自分で考えさせる
⑤「次になんと聞くか」と教師の思考の先読みをさせる
⑥⑤によって、受け身の学びではなく積極的な学びへと育てる
⑦「はい３秒で」「５秒だけ」などの前後の声かけで言わなくても

見て考える学びの体をつくらせる

9.「成長ノートは半分でもいい」→具体的な目標を示す。

①作業には努力目標、達成目標を具体的に示す
②授業場面で量的なものや書かせ方は違う
③「半分でもいい」は安心感と挑戦意欲の両方を子どものレベルに合わせて与えている
④小刻みに書かせることが授業への集中力を上げる
⑤「書いたら発表」へとつなげていく意識をもって行う
⑥「ズバッと書きましょう」「一人ひとり違っていい」などの価値語とセットにして使い安心感を与える
⑦量を求めるときと質を求めるときの書かせ方を変える

10.「はい、どうぞ」→子どもをさすときは、大人のように丁寧に。

①上から目線では子どもは萎縮するのでそれを避ける
②上からになると正解主義の授業観の雰囲気が出るので望ましくない
③人間を育てるという意識をもつべきである
④子どもの不安感に寄り添い安心感をもたせる
⑤「はい、どうぞ」と言いながら手を差し出すことで発言への責任をもたせる
⑥必要に応じて近づいて⑤をすることでよい意味の逃げ道をつくらない
⑦意見を一緒に育てていくという意識を強くもつ

11. 子どもの発言を繰り返して応答している。「なるほど」「うん、うん」も言っている。→何らかの応答をする。

①読点は意識のつながりなので相槌を打つことで寄り添う
②発言の型よりも子どもの思いを大切にする
③教師は発言する子どもの一番の応援者になる
④最初から完璧を求めることが悪しき正解主義の発想である
⑤子どもの発言を全体へとつなぐ意識をもって聞くべきである
⑥⑤を意識することで、学び合う集団を育てていく
⑦「発言した子ども２・受け止める教師６・聞いている他の子ども２」の割合ぐらいの意識で受け入れる

12. 指示をあまり繰り返さない。→間を子どもの考える時間の保障にする。

①指示は短文で行う
②「１回で聞く」を原則とする
③抽象的な内容ではなく具体的で取り組みやすい内容にする
④指示を小刻みに出すことで、より集中して全員ができるようなリズムをつくる
⑤指示の内容は複雑でないようにする
⑥聞けてなくて問い返す子がいたら「友達に聞きなさい」と切り返す
⑦ヒントが必要な活動内容であったり、動けない子がいたりしたら机間指導で聞こえるようにつぶやく

13. 全員に発言させるときに、「はい」でテンポを上げていた。→スピードがリズムやテンポを生み出し、全員参加が可能になる。

①全員で行うときは「揃える」を基本とする
②このときもスピードを大切にする
③声を出すときは「出す声」を指示してほめる

④動きのときも声を出すときも「○点。なぜかというと…」と評定して上をめざさせる
⑤常に全体を見ながらほめるポイントや子どもを探す
⑥テンポやスピードを上げる中で、学び合う一体感をもたせる
⑦不十分であっても１時間の中で繰り返し、その変容をプラス評価する

14. スピードは重要な要素。その中でも最も大切なのは思考スピード。→自信が必要。

①ほめることでやる気を出させる
②ほめることは自信へとつながり思考スピードも増す
③短文で指示、スピード、思考、…つながりがある
④導入で「３秒」「５秒」と指示して動かせば、その時間の思考スピードは上がる
⑤パッと反応させることで、書ける、言えるという自信へとつなげていく
⑥⑤で思わず言った、書いたということを様々な視点（例：即興力、自己開示など）でほめる
⑦コミュニケーションは動きが増えると非言語内容や変容の様子などをほめることが増える

15. 前の活動が全員終わらなくても、次に行く。→年間を見通して育てる。

①原則は遅い子は待たない
②同時に二つのことができるようにさせたいという教師のめざす子ども像、学級像がある
③遅い子どもも必ずスピードが出てくると信じて繰り返す
④教え助け合う子どもが出てくることを期待して待つ

⑤学び合う集団を、年間を見通して育てることを意識する
⑥遅いその子の頑張りと周りの子どもたちの支えの両方を「みる目」をもつ
⑦遅い子にも変容、意欲という点では十分にほめる言葉かけを用意しておく

16.　２つ目の意見をもってくる子がいないと、白い黒板はできない。→全員が考え続ける子どもに。

①人間の思考は、１つ目がヒントになり広がるものである
②それが学び合う教室である
③１つ目で終わり、①②がない教師は正解主義の授業観である
④そもそも白い黒板は全員の思考の交流であり、考え合い続けることを大切にしている
⑤全員参加の学びの象徴であり、その価値を見える化して体験させるものである
⑥教師の板書行為は正解主義的になりやすいが、白い黒板ではそれはない
⑦黒板を子どもたちに開放するということはこれからの授業観では大切なポイントである

17.「なるほど」「いいね」を連発。→どんなときでも、どんな内容でも一旦は受け入れる。

①そもそも「正解」がない問いを出しているから否定をしない
②「正解」がないということは、その子らしさの発揮であり価値は高い
③「正解」がないことを発言するという不安感を教師は理解すべきである
④発言以外のときでも（例＊動き、書く活動）でも常に先の学びの

レベルを考えて肯定的であるべきである
⑤学級の初期の段階では、特に肯定的な指導スタイルを示し続けて安心感を生み出す
⑥個に対してと集団に対しての使い分けを意識する
⑦⑥の違いはあるが、「○○さんのような友達がいる学級」「こんな学級だから全員が」とほめる

18. どんなに焦っていても「いいなあ」を忘れない。→子どもにとっては大きな安心感。

①教師がマイナスの反応を示すと教室は停滞する
②正解主義ではないので焦る必要はなく、ピンチをチャンスと捉えて余裕を示す
③②で子どもは安心する
④教師はその子の思考過程に寄り添い対話で思いを引き出す
⑤周りの子にフォローを促し、子ども同士の横のつながりを生み出す
⑥「〜ない」の逆転現象を生み出し学級づくり（授業づくり）のチャンスとする
⑦教師のフォロー、他の子どものフォロー、本人の次への目標、が３大原則である

19. 書けない子には話しかけて、対話の中から導く。→考えると書けるの間には見えない壁がある。

①「悩んでいる＝考えている」と肯定的に捉える
②最初に書いたことが（書けたものが）、正解ではないと捉えている
③だから、②をその後にみんなで考え合うことを重視している
④話しかけて「考え」をもたせ、全員参加に結びつける
⑤「一人も見捨てない」の考え方を示す

⑥対話は新たな気づき発見を生み出すことを教える
⑦１時間の授業も、１つの学習活動も二段構えの授業展開を心がける

20. 子どもたちの活動を眺める。→「今」を判断評価して、次の展開を考える。

①基本的には「次」の展開を考えている
②学級全体の学ぶ雰囲気の状態を感じ取っている
③①②を踏まえての自分のパフォーマンスを考えている
④基本的にはプラスのアプローチを考えている
⑤私が出演した NHK「プロフェッショナル仕事の流儀」に挿入されたナレーションから、「見る」との違いを菊池は考えている
⑥子どもたちの動きからキーパーソンを決めて全体をどう動かすかの計画を考える
⑦「気になる子」の動きと周りの子の関わりをほめるために眺めている

21. 80％の声が穏やか。10％が一人ひとりに対して。10％は少し張り上げて全体へ。→「伝えたか」ではなく「伝わったか」を大事にする。

①基本は会話体の語りかけ
②一人ひとりに語りかけると考えると穏やかな声になる
③伝えるための声と目線を意識する
④長い話は１文につき一人を見ながら話すイメージ
⑤話すときは腕や手や指の動きを意識する
⑥立ち位置や体の動きを伝える内容で変える
⑦話し方の声の調子、緩急、大小、スピードの変化などを意図的に変える

22. 書かない子（伏せている）の背中にトントン。→失敗感のない温かい空気のため。

①安心感を与えることを大事にする
②書かない子は、理由があって書けないことを理解する
③今は参加できなくても次に参加できるように期待を伝える
④書かない子に対して周りの子どもたちにどう関わらせて変えるかを考える
⑤先生は参加しない子も信じて待っていることを周りに伝え全体にも安心感を与える
⑥スキンシップもコミュニケーション
⑦先生は「正解」を求めているのではないことをそれとなく伝える

23. 授業の終わりはプラスの言葉でしめる。→子どもへの礼儀。

①知識重視の正解主義ではなく、学びに向かう態度やその変容を認める
②学び合うことはすぐにはできないということを理解しているからほめて待つ
③オープンエンドは、学習内容だけではなく学びに向かう構えにも当てはまると考えている
④教師の感動からくる言葉（自己表現的言葉）を送り続ける
⑤子どもたちに学び合いの価値を伝え、そのような学びに向かう意欲を高める
⑥逆転現象を意識して、子どもたちの学び合う関係をより豊かにする
⑦授業を１時間単位で考えない教師の考え方を間接的に伝える

24. 大事なときは「動きません！」→厳しい口調で引かない覚悟。

①「調子に乗る」「ゆるんだ空気」を戒める
②知的な学びは、ある程度の緊張感の中で行われる
③弛緩した空気は、体の不安定さから出るものであるとたしなめる
④「やる気の姿勢」「切り替えスピード」と同じ『束ねる』という考え方
⑤厳しく話したあとに笑顔を意識する
⑥緩急のある話し方で、全体を教師の流れに引き込む
⑦内容は教え諭すものであり、成長を促すこととすることで信頼を勝ち取る

25. 早くないのに「早いね～」→してほしいことをプラスの言葉で促す。

①今が遅いことが問題ではない。今から早くなればいいと考える
②プラスの声かけがプラスの行為を育てる
③そもそも子どもたちには、「早い」というゴールイメージがない
④繰り返すことで、少しずつ確実に早くなる。ほめるチャンスが生まれる
⑤減点法の考え方ではなく、加点法の考え方
⑥教室の中に安心感が出てくる感覚を大事にする
⑦この考え方は、「ぶつからない指導」の大原則だと考える

26. 不完全なもの→「～すれば、カンペキですね」→失敗感を与えない。

①同じように「そうきたか！」「惜しい！」の返しの言葉も有効
②教師は全てを拾うつもりでいるべきである
③教師は、発言する子どもの一番の応援者であるべきである
④不十分な子どもの発言内容も「つなぐ」べきである
⑤教室の中がその子どもの発言で不安定になったら、その空気を教

師が一手に引き受けてスルーするぐらいの覚悟が必要
⑥教師のパフォーマンスで絶対の安心感を生み出すこと
⑦返しのあとは、その子どもの「次」をプラスにする展開を瞬時に考えること

27.「基本的に○しかつけませんから」→ほとんど全てにおいて。

①×をつけるような問いを出すことは基本的にはない
②×をつける問いは、×をつけて挑発する場合が多い
③考えや感想などは、「つくる」ものであるから×はない
④不十分な「考え」を育て合うのが授業
⑤その後の育て合う授業の流れが大切である
⑥○をつけるのは、その時点での子どもたちの思考のレベルを知るためである
⑦全員の意欲を引き出すことが目的である

28. 自由な話し合いをさせるときは、一人をつくらせない。→何のための自由か考えなければいけない。

①この考え方は、民主主義の根幹である
②話し合いは、教室の人間関係をよくするために行う、と考えるべきである
③学びの絆を強いものにするために行う、と考えるべきである
④もちろん一人で考え続ける子どもがいたら、「一人が美しい」とほめる
⑤話し合いの授業は、学級づくり的な視点がポイントである
⑥教師の理想の押しつけにならないように、子どもたちの心理や集団の成長度を考えることが大切である
⑦話し合い内容だけではなく、子どもたちの動きや関わり方をみる

ことが大切である

29. 黒板をさすときに音が鳴る。→言葉だけではないパフォーマンス。

①意識して音を出す。（黒板を指さすときの音、板書するチョークの音、意図的に動くスピードを変えるときの足音など）
②①は、多くの場合は、緊張感や集中力を高めさせるためである
③②を意識することは、全員参加をより促すことにつながると考えている
④教師のパフォーマンス力は、言葉以外の非言語なども重要であると考えている
⑤教師の一挙手一投足にも意味をもたせたい
⑥今までの授業は、教師は、授業内容伝達言葉と板書、教材への意識に偏り過ぎていた
⑦これからは、立ち位置、動き、そして音にまでも気を配りたいものである

30. スピーチの内容より笑顔をほめた。→コミュニケーションを広く捉える。

①メラビアンの法則を大事にしている
②非言語を大きくほめる
③内容の評価ばかりを気にしている子どもたちに自信と安心感を与える
④教室に、「一人ひとり違っていい」という安心感を生み出す
⑤そもそもコミュニケーションの楽しさは非言語にある
⑥コミュニケーションのその楽しさの視点を、子どもたちの中に増やしている
⑦様々な視点でほめることにより、教室の中に楽しい学び合いの関

係を築く

31. 学習規律はけっこう笑いを入れている。→規律は楽しいものであると感じさせる。

①笑顔が大事ということを「口角（板書しながら）は、こうかく（こう書く）」

②予想することが大事ということを「よそうは、（逆に読ませて）うそよ」

③拍手が大事ということを「指の骨が折れるぐらいに拍手をしよう」

④真っ直ぐ挙手させるために「右手の中指の爪の先を天井に突き刺す」「（曲げて挙げている子どもに）それは、皇族の方の挙げ方です」

⑤聞き手を見ないで話す子どもに「一番聞いてなさそうな友達をガン見しながら話して」

⑥拍手やリアクションがよい子どもに「拍手リーダー」「リアクションの神」「笑顔の女王」

⑦以上のように、笑顔になれるような声かけで、楽しみながら規律的なことを指導すると教室の空気は柔らかいものになる

「第１章－１」の内容は、菊池道場機関誌「白熱する教室」(中村堂刊)の第17・18・19号(2019年夏号・秋号、2020年冬号)に掲載されたものを加筆・修正し、掲載するものです。

第１章－２
１日の最初から最後までの教師の指導ポイント10

菊池　省三（菊池道場道場長）

全国の学校や教室にお伺いして学ぶ毎日が続いています。その中で、折々にメモをしながら書き溜めた「教師の指導のポイント」を整理しました。

「１日の最初から最後までの教師の指導ポイント 10」と「授業中の教師の指導ポイント 10」の二つに分けて紹介します。

第１章－２として紹介するのは、「１日の最初から最後までの教師の指導ポイント 10」です。

１．朝の指導

①３人（５人）の子どもを本気でほめる
②拍手をセットに、黒板にポイントを書いて本気でほめる
③拍手を頑張った子、笑顔で友だちの頑張りをほめている子もほめる
④前日の放課後にその日の子どもたちのいいところを板書しておく
⑤ほめる視点を明確にし、１年間のある程度の見通しをもつ

・１学期…基本的な生活、学習習慣。学び合う、つながり合う関わり方
　気になる子の極微の成長。消極的だけど責任感のある子どもの頑張り
・２学期…自己開示の変化。対話・話し合いの非言語のよさ。SA への芽
　オリジナルな発想。生活や学びの拡大。表情や口調、言葉の柔らかさ

・３学期…負荷に強い態度。SA としての全体への働きかけ。対話・話し合いそのものを楽しむ無邪気さ

⑥友達同士を理解し合う質問タイム

⑦楽しめるコミュニケーションゲーム

⑧ほめ言葉のシャワーの主人公のエピソードの紹介し合い

⑨今日の日程と価値語指導

⑩必要に応じてのミニ授業

２．係活動の指導

①教師と子どもで一緒に創るという考え方と具体的な指導の手順

②ポスター作りからスタートし、それらが変化成長していく掲示の在り方

③自治的なアクティブ・ラーニングというゴールイメージ

・誰かと対話・議論する経験

・誰かに何かを提案する経験

・みんなを巻き込んで活動する経験

④「笑い」を重視した活動群

⑤帯的な活動時間の確保とその意欲化

⑥自分らしさの発揮→人に喜ばれるという体験

⑦コンテスト、トーナメント、バトル等のイベント色

⑧新しいことへの挑戦を第一にアイディア出し

⑨個人の成長＝みんなの成長として喜び合う儀式的な係活動を振り返るイベント

⑩係活動と学級生活、学習の同時進行的、バロメーター的考え方

３．気になる子への待つ指導

①気になる子の言動に動じない布石

②気になる子の徹底した周辺情報の収集

③気になる子の背景の愛情想像力
④さりげなく「みる目」とその声かけ等の蓄積と分析
⑤かまってあげることと深追いしないバランス
⑥周りとの関わりを「みる目」と時期の見極め
⑦気になる子と徹底的につき合う時間の確保
⑧周りの子への（親や先生も含む）気になる子のプロデュース
⑨マイナスを気にしない教師のパフォーマンス
⑩整えるではなく、調えるという個への加点法を全体にシェアする基本的なスタンス

４．教師の身体スキル

①子どもは１日 300 回以上も笑う。笑わせる中心に教師であると自覚する
②非言語を意識する
・目
・笑顔
・指、手、腕
・立ち位置
・動き
・声
③リアクションを大きく楽しく
④コミカルな動きも
⑤発言者の一番の応援者
⑥教室はステージという捉え方
・脚本家
・演出家
・主演俳優
⑦出席者ではなく参加者としての意識

⑧教育学ではなく学習学としての在り方
⑨教室を立体的にするイメージ
⑩授業はショー＆ジャズという考え方

5．攻めと受けのマインドとスキンシップ

①指名するときに名前の前にプラスの修飾語
②プラスの行為には、近づき握手
③プラスの行為を黒板の５分の１に
④プラスの行為を価値語モデルのシャワーに
⑤マイナス行為の中から愛情想像力でプラスの予想ぼめを
⑥マイナス行為をチラ見して、全体にはプラスの予想をズバッと語る
⑦大人に接しているように子どもの発言行為を受け止める
⑧どんな「～ない」もひっくり返す気持ちで臨む
⑨過去との比較からの成長、その子らしさの価値付け、周りにフォローを促す
⑩どこかでフォローする覚悟でそのタイミングを見つける

6．教師の話し方

①論理的な話し方と話芸的な話し方とを区別する
②健全な共犯関係を築くことも重要
③会話体のキャッチボールを意識する
④リアクションを重視する
⑤話術は間術と考え、子どもたちとの呼応関係の呼吸を生み出す
⑥擬音語・擬態語も取り入れる
⑦手の動き、指の動きと連動させる
⑧説明は、子どもたち一人ひとりの理解を確認しながら
⑨フォローの評価の言葉にインパクトをもたせ、ユーモアを入れる
⑩声に変化をもたせ、全体を引き込むイメージで話す

7．美点凝視のみる目

①正解主義と成長・変容主義の２つの見方
②非言語への価値付け、意味付け力
③過去と今、そして未来へとつなげる見方
④マイナスの空気を教師が引き取りスルーする力
⑤個のよさを全体にシェアする力
⑥価値の見える化を図り、定着させる取り組み
⑦他者への関わり方の変化を価値付ける
⑧子どもの何気ない当たり前の行為の価値付け（文字の大きさ濃さなど）
⑨笑顔と元気の上機嫌を伝染させる雰囲気
⑩ほめるための仕かけを打つさりげなさ

8．新発見の仕掛け

①笑顔になる取り組みを用意する
②子どもが動く取り組みを用意する
③成長ノートの内容を継続する投げかけなどで活用する
④放課後等の座談会で子どものアイディアを投げかける
⑤新しい取り組みと進化させる取り組みの二つを意識する
⑥子どもの事実を多面的に見て価値付ける
⑦成長ノートの二度読み、活動の子どもの姿の深読みをする
⑧ひとりの子どもの日常繰り返される活動に着目する
⑨指示の内容の違いによる子どもの動きの変化をみる
⑩変化のある繰り返しの活動に「ほめ言葉」を入れる

9．帰りの指導

①ほめ言葉のシャワーを軸とする
②初期の段階は、「美化タイム」で消極的だけれど真面目な子にス

ポット
③中期の段階は、一人一役の工夫と協力している子にスポット
④後期の段階は、オリジナリティと社会化にスポット
⑤緩急を考えて、成長ノートにじっくりと取り組む
⑥一人ひとりにプラスの声かけができるように
⑦明日への期待と楽しさがもてるように
⑧保護者ともつながるような連絡帳の活用
⑨気になる子、気になる子ども間の事象に対する配慮
⑩「さようなら」のあとの自由な雑談タイム

10. 指導者のチームワーク

①基本は、子ども・学級のよいところを出し合う
②各教師の出番を打ち合わせしておく
③子ども同士のつながり、学び合いを指導の中心とする
④生徒指導事案は、必ず複数で行う
⑤気になる子どもの逸脱行為には全員で関わる
⑥各担任、指導者の専門分野が生きるようにする
⑦打ち合わせは、子どもの事実と目標についてを中心とする
⑧授業、授業の子どもを語れる教師に育て合う
⑨事務的な打ち合わせが中心にならないようにする
⑩学校、教室が全てにならない雰囲気づくりに努める

第１章－３
授業中の教師の指導ポイント10

菊池　省三（菊池道場道場長）

第１章－３は、「授業中の教師の指導ポイント 10」です。

１．指名の仕方

①「挙手・指名・発表」のみからの脱却をめざす
②自由起立発表を導入する
③即興力を鍛えることを大事にする
④「一人ひとり違ってよい」を普通にする
⑤列指名、挙手全員発言、意図的指名を行う
⑥書かせることからスタートする
⑦「書かせる→教え合う」をセットにする
⑧「書いたら発表」「相談したら発表」を当たり前にする
⑨教師の受け止めと返しのリアクション、フォローまでを発言時のセットと考える
⑩子ども同士のフォローを意識させる

２．フォローの言葉かけ

①「間違い」には、「そうきたか！」「おしい！」の言葉
②おもしろい発想には、「〇〇さんらしい」「〇年生で、なかなかいない」
③価値ある内容には、「日本の宝だ」「世界の宝」
④発言できなければ、「悩んでいるよね。ということは考えている。それでいい」
⑤発言できなければ、「誰か代わりに言える人いますか？」

⑥つぶやきには、「今のつぶやきを聞いていた人？」
⑦発言だけではなく、聞き方、指示への反応、友達への関わり方などをほめる
⑧フォローは、個と集団をつなぐことまでをセットと考える
⑨フォローがプラスでシェアできるかが、授業づくり＝学級づくりと考える
⑩教師のハッスルフォロー言葉が子どもたちに伝わる身体スキルを磨く

3．つなぐ言葉かけ

①教師とつながる縦の言葉かけ
②子どもと子どもをつなぐ言葉かけ
③一斉指導時における学び合う関係、つながり合う関係をめざす言葉かけ
④学び合い時における学級づくり的な視点の言葉かけ
⑤マイナス現象をプラスのつながりにつながると価値付ける
⑥つなげる思考や態度を５分の１に書いて子どもの思考を豊かにする
・思考…思い出す力　生活とつなぐ力　知識を活用する力
・態度…価値語モデルのシャワー
⑦前時までの学びを本時につなぐ言葉かけ（成長ノートの活用、ノートの活用など）
⑧自分と友だちをつなぐ振り返りの視点を与える
⑨コミュニケーションの公式の４つの観点の具体化とその価値付け
・内容　声　表情・態度　思いやり行為
⑩過去の歴史や書籍等ともつないで価値付けを図る

4．授業最初の１分間

①意表を突く言葉から

②動き（拍手も含む）を伴った活動で健全な共犯関係をつくる
③スタート前の個人や集団の非言語のよさを取り上げてほめる
④教師の期待と喜びを自己開示する
⑤黒板の５分の１に学び合うための価値語をほめながら書いて示す
⑥モノを持って、それを示す
⑦「〇秒で」「切り替えスピードが速い」とリズムテンポを生み出す
⑧子どもたちとのつながりをつくるために、教師の立ち位置とその変化を計算する
⑨ほめるときに、スキンシップ（握手など）も取り入れる
⑩個と学級集団の二つを意識してほめる

5．演じるパフォーマンス

①非言語（声・表情・態度・動きなど）を意識する
②声は、大小、強弱、１対１の対話を全体に聞かせる
③一人ひとりに話しかける意識での目線を移動させる
④表情は、口角上がる子をほめ、笑顔マークを板書して促しほめる
⑤手の動きと指差しで全体を仕切る感覚を
⑥目で伝えたい（ほめる、認める、励ます、注意するなど）ことを語る
⑦演じるパフォーマンスはコミュニケーションであると捉え、スキンシップも取り入れる
⑧コミカルな動き、大きなリアクション（ジャンプなど）も意図的に行う
⑨動きのスピードを変えることで、特に喜びや驚きの気持ちを示す
⑩子どもたちとの呼応関係、その空気や雰囲気を意識する

6．みる目のパフォーマンス

①大前提は、失敗感を与えないで自信と安心感を生み出すこと

②細かい動きを意図的に取り出してほめ、「見ているからね」のサインを送る
③プラスの変化を逃さない（１回目は…だったけれど、２回目は…)
④表現（発言、ノート、反応、…）の奥を聞く、プラスに予想する
⑤マイナス現象は、そのときはスルーしても、プラスへの小さな変化をそのときに取り上げる
⑥子どもの表情、しぐさ、言葉の価値付けを常に考えておく
⑦目→背中→手→足の順で子どもは飽きがくるのであれば、その逆を中心にほめる
⑧「教師の指導その３」のレベルを上げることで、みる目の視点も変わってくることの自覚
⑨フォロー後の子どもの意欲や活動の変化も関連づけてみていく
⑩他学年や全国、大人などの他者や一般的な基準と比較して意欲や関心をほめる

７．板書の仕方と使い方

①黒板の５分の１と連動させる
②基本的には、多くを書かない
③子どもの発言は受けるが、板書することとは別であると考える
④②③の考えから⑤へと意識がより伝わりやすくなる
⑤子どもたちに黒板を開放する
⑥板書した言葉の説明はできるだけ子どもたちにさせる
⑦全員参加型黒板、白い黒板、チョークリレー系黒板などの授業展開の区別をする
⑧黒板の前で考えて戻る、黒板の前で話し合いをするなど、黒板をキーステーションにする
⑨教師の板書は、集中して見せる＝読ませる、不要な繰り返し音読

はさせない
⑩「模造紙お化け」「スタンダードカード」は、教師の思考停止と儀式的授業である

8．受けの身体スキル

①表情の柔らかさ
②うなずきのタイミング
③効果的な相づち
④繰り返しの言い方
⑤発言者と他をつなぐ目線や声かけ、体の向き動き
⑥価値付け、意味付けをして、確認する話し方
⑦驚きと称賛のリアクション
⑧同意を求める全体への投げかけ
⑨価値付けて黒板の５分の１に書く
⑩両手を広げて、ジャンプしながらなどの受け止める動き

9．スカシのパフォーマンス

①基本的には笑いを生み出す
②教師のパフォーマンスで笑いを生み出す
③パフォーマンスのポイントはリアクション
④教室に負の空気を残さない
⑤教師のパフォーマンスが生きるような空気をつくっておく
⑥⑤の前の状態であれば、負（間違い）が出ないような流れで進める
⑦⑥であっても間違いが出たら「ビデオを巻き戻します」「ワザと緊張感をなくすように…」でフォローをする
⑧授業中盤で間違いが出たら「おお！！…全然違う！（笑）」（落差の変化を大きく）

⑨意外な答えが出たら、「そうきたか！やられた！腕上げたなあ！」（3つの言葉を意図的に並べる）
⑩プラスの意外な答えが出たら、「○年生でしょ！いないよ」（感嘆の気持ちを）

10. 黒板の5分の1の活用

①全ての価値語は、価値語も学び合う、つながり合うためにあると考える
②教室の人間関係をよくするため、学びの絆を強いものにするために活用する
③①②のように考えると、黒板の5分の1の価値語も民主主義の根幹に関わること
④俗にいう学習規律の価値語
・やる気の姿勢
・切り替えスピード
・音を消す
・正対する
・見る＝聞く
⑤違っていて安心を生み出す価値語
・一人ひとり違っていい
・自分らしさ
・自己開示
・野生と個性
・一人が美しい
⑥対話の動きについて
・自分から立ち歩く
・一人をつくらない
・男子女子に分かれない

・写し合うのも勉強
・「ありがとう」が言い合える仲間
⑦対話の中身について
・対話の３つの態度目標「しゃべる」「質問する」「説明する」
・連続質問をしよう
・即興力を伸ばそう
・自分と違う友達の意見考え
・新しい気づき発見
⑧広げる対話と絞る対話の言葉かけ
⑨コミュニケーションゲームの活用
⑩成長ノートを活用しての目的の意識づけ、態度、技能の向上を図る

第1章－4
菊池省三が考える「授業観」試案⑥

菊池　省三（菊池道場道場長）

約30年前に、「新しい学力観」が中教審から示されました。「生きる力」がキーワードでした。そこで示された教育の在り方は、新学習指導要領でも中心に置かれているこれからも大切にされるべき理念でもあります。

私は、「新しい学力観」が示された当時から、これからの時代に必要な学びはどうあるべきかを考え実践し続けてきました。子ども主体の問題解決学習であり、そのために必要なコミュニケーション力の育成であります。「主体的・対話的で深い学び」を、その頃から実践の中心にしてきました。

それまでの（今も多くは変わらない）教科書中心の過去の認識を学ぶ授業から、社会的主体の個を育てる未来の創造に向かう授業を追い求めてきたのです。「生きる力」に向かう問題解決学習です。そのような学びにおいては、熟議や学級ディベートというコミュニケーションの力が欠かせません。その力が育つ学級づくり、授業づくりに実践の軸を置いてきたのです。

2020年から新学習指導要領が完全実施されます。この時期にあたり、1997年に私がまとめた文書を改めて振り返ってみたところ、そのことが再確認できました。「学習指導要領の変遷」を書き加え、「中教審の『生きる力』とこれからの授業の関係を考える」と題して、「菊池省三が考える『授業観』試案⑥」としてまとめました。

参考にしてください。

菊池省三が考える「授業観」試案⑥

中教審の『生きる力』とこれからの授業の関係を考える

1997.01.18　ver.1
2020.01.05　ver.2

中教審『生きる力』

（1）「自分で課題を見つけ、自ら学び、自分で考え、主体的に判断し行動し、よりよく問題を解決する」

問題解決能力
（問題解決学習）

構成要素
①情緒的感動性（問題に気づく）
②社会的知性（解決の理解　本質を見抜き、認識する）
③社会的実践能力（理解・認識に基づき実際に解決する能力）

（2）「他人を思いやる心」「感動する心」
（3）「自らを律しつつ、他人と共に協調する」
（4）「逞しく生きるための健康や体力」

『生きる力』は
- これからの変化の激しい社会において、いかなる場面でも他人と協調しつつ自律的に社会生活を送っていくために必要となる、人間としての実践的な力である。
- 我々の文化や社会についての知識を基礎にし、社会生活において実際に生かされるものでなければならない。

構成要素の③「社会科では『社会を作る力』」
社会を領域としてとらえるだけでは不十分なのではないか

今までの問題解決学習

「生きる力」につながる問題解決学習

㋐ 認識的主体としての個人を育成する社会科授業
（領域としての社会）
人間生活の関係やその所産に関する領域

領域として対象化される社会についての
よりよい認識をめざす社会科授業

授業の流れ
1　認識上の問題を設定
2　予想を立てたり、調べる観点をもったり
3　調べ、話し合い
4　その解決としてのわかることを求めていく

『生きる力』
実践的側面
（価値判断・意思決定力）
認識的側面
（技能・思考力）
※価値中立の立場
公民的資質

㋑ 社会的主体（「社会」を作る）としての個人を育成する社会科授業
（人間関係のあり方としての「社会」）

社会を形成する個人として必要な資質の
よりよい習得をめざす社会科授業

授業の流れ
1　社会的な問題を設定し、
2　その問題解決を実現するための案を出し合い
3　議論によって
4　その解決方法を求めていく

学習指導要領の変遷　『生きる力』

1989 年　新学力観。社会の変化に対応できる心豊かな人間の育成。
1998 年　基礎・基本を確実に身に付けさせ、自ら学び自ら考える力などの［生きる力］の育成
2008 年　「生きる力」の育成。基礎的・基本的な知識・技能の習得、思考力・判断力・表現力等の育成
2017 年　知識の理解の質を高め資質・能力を育む「主体的・対話的で深い学び」

・技能…「どのように」「どのような」
　過程、構造、技能
・思考力…「なぜ」「どうなるか」
　条件、結果、原因・結果、
　目的・手段の関係　推論

・価値判断力…「善いか、悪いか」
　「すべきか、すべきでないか」
　「それはなぜか」
　価値判断の反省的吟味
・意思決定力…問題場面では「何をなすべきか」
　「どの解決策がより望ましいか」
　「それはなぜか」意思決定

「知る」「分かる」⇔「考える」
⇕　⇕
「過去の認識」⇔「未来の創造」
⇕　⇕
社会認識を深める⇔思考の判断の仕方、能力、技能の習得

【コラム　拍手について】

教室で、拍手をすることについて私の考えを書きます。

拍手の主なねらいや効果を、

①教室に一体感をもたせる

②動きをつくるスタートにする

③温かい雰囲気を生み出す

④動いて楽しくする（表情が変わる）

⑤緊張をほぐす

⑥場面を切り替える

⑦称賛、承認をする

と考えています。

なぜ、飛込授業で私が拍手をするのかというと、多くの学級は、上の①から⑦が不十分だからです。

つまり、多くの学級は、

①一体感がない。つながりが薄い

②動きがなく硬くて遅い

③雰囲気が殺伐としている

④担任の悪しき一斉指導で楽しさがない（低学年・・躾偏重、高学年…指導がマンネリ）

⑤らしさを発揮した経験もないから「出よう」としていない

⑥メリハリ、切り替えスピードが遅い

⑦ほめて認めて盛り上がる体験や空気が弱い

このような教室は、悪しき一斉指導の象徴でもあると言えます。拍手が教室の中にあるかどうかでも、「観」の違いが明確です。

教師のめざす方向が旧態依然としているからか、「拍手」の効果や価値が分からない教師も多いようです。「集中して静かに」だけで押し通そうとすることは、教師の間違えた幻想であるとさえ思います。

　見栄えだけを整えようとして、子どもの学びを大切にしていないのです。

　このような教師の教室で授業を飛込で行う場合、まずはその空気を打ち破り、学び合う温かい空気に変える必要があります。

　拍手の状態から、子どもたちの参加意欲、参加率などを判断することもできます。

　ちなみに私自身の担任した学級では、拍手を多用するのは４月ぐらいです。後半は、静かに白熱し、激しく白熱する教室になっているので、拍手も自然と必要な場面だけになっていくのです。

　このように考えると、拍手一つとってみても「観」の違いは明確です。

第２章
読む場面の困ったを安心に変える
10のポイント

①ちょうどよい大きさの声で読めない

②「読める人？読みたい人？」と聞かれても手を挙げられない

③声を出して読んでいるときに細部を正しく読めない

④代表の子が読んでいるときに文を目で追わない

⑤ノートに書いたことを読むときにノートから目が離せない

⑥文章量が多いと読めない

⑦文字を追うだけで文章の意味を考えない

⑧分からないことに対して辞書を活用しようとしない

⑨読むことで必要な情報を集めようとしない

⑩資料をもとに読み比べができない

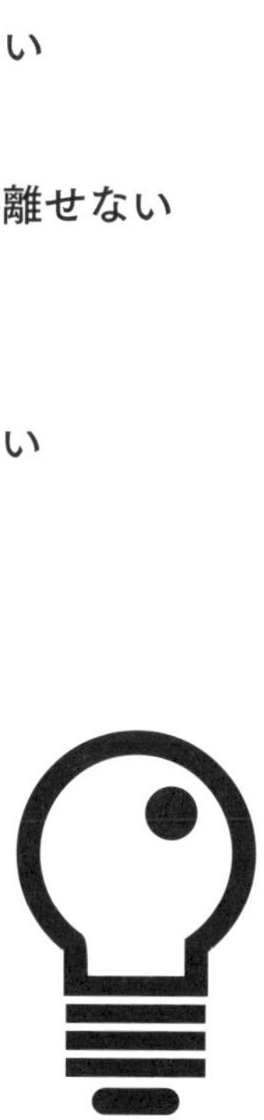

【注】本書の会話の中で、『　　』は教師の発言、
「　　」は児童の発言を示しています。

読む場面の困った①

ちょうどよい大きさの声で読めない

鈴木　麻奈充（菊池道場三河支部）

❶　一人では、ちょうどよい大きさの声で読めない

　学期初めの頃、授業中に前に出て一人で読むときに、小さな声になってしまう子がいます。このような子は、正しく読む自信がなく、一人で間違えてしまうことに恥ずかしさを感じ、「教室で間違えてみんなで学ぶ」ことが成長につながるということに気づいていないのでしょう。

❷　ちょうどよい大きさの声で読むための言葉かけの例

　一人で読む前に音読練習の時間を取ります。教師は小さな声になる子どもの横で音読を聞きます。どこかで詰まっていたときは、正しい読み方を教えましょう。終わったら、

『大丈夫、読めているよ』

　と小声で伝えます。

　個人の発表では、ちょうどよい声の子どもが読んだあとに、

『みんなは、○○さんの声の大きさ、どう思う？』

「ちょうどいい大きさだと思う」「聞きやすい大きさだと思う」

『そうだね。出る声ではなく、出す声を意識して、聞きやすい大きさで読むことで、クラスのみんなのことを思う気持ちが伝わるね』

　小さな声になる子が読むときには、教師は子どものとなりで聞き、ちょうどよい声が出ていないときにはすぐに止め、

『練習ではできていたよ。緊張するなら先生と一緒に読んでみる？　それとも、友達と一緒に読んでみる？』

　と、声をかけます。読み終わったあとに、

『最後まで、みんなは○○さんの音読を聞くことができたね。教室は家族だから、みんなで協力して、相手が聞きやすい大きさの声になっていくようにしようね』

❸　ポイント

学期初めは、人間関係ができていないため、全体の前で読むことを恥ずかしがる子がいます。まずは、正しく読めれば合格だということを示します。ちょうどよい大きさの声になるまで、聞く側の子どももほめながら、学級全体で協力することで“教室は家族”という安心感をもたせるようにします。急がず、子どもの小さな変容を認めて伸ばすことが大切です。

この場面で押さえたい価値語

・教室は家族です	安心して勉強ができて、楽しい場所が教室だということをめざします。
・出る声を出す声にしよう	意識してその場に必要な大きさの声を出すことを促します。

読む場面の困った②

「読める人？読みたい人？」と聞かれても手を挙げられない

鈴木　麻奈充（菊池道場三河支部）

❶　発表をする段階で手を挙げられない

　教師の問いに対し、読むだけでも、手を挙げることができない子がいます。このような子は、発表する場を特別な場だと捉え、授業で手を挙げることが学級全体で学び合うきっかけになることに気づいていないのでしょう。

❷　手を挙げられるようになる言葉かけの例

『ここからの文章を読める人？読みたい人？』

　と聞いたときに、手が挙がらない場合、

『一番初めに読むのは勇気がいるよね。ファーストペンギンのように、勇気をもてると成長が加速するよ。もちろん、間違えても誰も笑わない』

　と、全体に声をかけ、手が挙がるのを待ちます。一人が挙げれば、『勇気をもって挙げてくれてありがとう。授業の出席者から参加者になってくれたね。自分を成長させたいという意欲を感じました』

　子どもが読み終わったあとに、

『今の子から縦列で順番に読んでもらうね。もちろん、間違えても大丈夫だよ』

　と、挙手ではなく座席の順番に段落読みなど、短い文章を読むように指名していきます。次の子が読んだあと、

『うまく読めたね。これで授業の参加者だね』

　とほめます。すべてが終わったあとに、

『この学級は、みんなで授業をつくるために、参加者になってほし

いから、誰が急に当たるか分からないよ。心の準備をしていてね』

❸　ポイント

どの授業でも、挙手に頼る指名をしていると、挙手をしない子どもが必ず出てきます。間違いを恐れず、全員がいつでも参加者になるように、縦や横など座席の順番に指名したり、机間を歩きながら、急に指名したりする機会を増やすことで、授業に緊張感が生まれ、発表する場が特別ではないという意識が芽生えます。何度も発表することで、自信がつき、挙手をすることができるようになります。また、みんなで発表することが、学級全体の学びにつながるということを伝えましょう。

この場面で押さえたい価値語

・出席者ではなく、参加者になる	その場にいるだけの出席者より、発言をして積極的に参加することを促します。
・ファーストペンギンになろう	一番初めにチャレンジすることを促します。

読む場面の困った③

声を出して読んでいるときに細部を正しく読めない

加藤　拓（菊池道場三河支部）

❶　文章を正しく音読できない

普段の授業の中で声を出して読む場面があります。そんなとき、行を間違えて読み進めてしまったり、言葉を読み飛ばしてしまったりする子がいます。このような子は、ついつい「まあ、いいか」と言葉を省略してしまったり、思い込みで読んでしまい、漢字の読みなどを正しく読まなかったりしています。

❷　声を出して読んでいるときの言葉かけの例

このような場面は、個人で読んでいる際にも起こることですが、読み手が一人の場合はその場での修正が容易です。今回は全員で読んでいる場面を想定します。

まず、教師が範読する際に、意図的に間違えます。

『どこかおかしいなと思ったところはあったかな』

「○○の読み方が違いました」

『さすがです。細部にこだわって読めていたね』

と気づいた子をほめ、細部を正しく読む意識を高めたのち、ペアでの読み合わせを取り入れます。

『ペアの人と正しく読めているか確認していこう』

できている子の読み方を認め、正しく音読できていない子が、細部にこだわった読み方を意識できるように声をかけていきます。

『△△くんは、○○（間違いが多いところ）をしっかり読めているね。まさに言葉にこだわった読み方だよ。みんなの前でやってみて』

『○○を意識して読めているのは立派。みんなもやってみよう』

と、声をかけていきます。その後、クラス全体に、
『文章のとおりに正しく読むことができているね』
と伝えていきます。書かれているとおりに読むことがプラスの価値につながっていくことを全体で意識していきます。

❸　ポイント

全体で読む場面では、「何となく」読めた気になっていることが多いものです。書いてある言葉のとおりに読むことは、内容を正しく理解することや、正しい知識を身につけることにつながります。できている子をほめて、認めていくことで、クラス全体で言葉にこだわる雰囲気をつくっていくことが大切です。

この場面で押さえたい価値語

・言葉にこだわる	書かれている言葉を意識することを促します。
・一人が美しい	一人でもこだわりをもって読むことに価値をおきます。

読む場面の困った④

代表の子が読んでいるときに文を目で追わない

近藤　史親（菊池道場三河支部）

❶　友達の音読に合わせて一緒に黙読できない

学級全体で丸読みや段落読みなどの音読をするとき、代表の子の読みに合わせて、自分の教科書の文を黙読できない子がいます。

このような子は、仲間の言葉に耳を傾けるというコミュニケーションの基本や、読む力を高めることで、対話・話し合いの質が向上することに気づいていないと考えられます。

❷　一緒に読むことから学び合いにつなげる言葉かけの例

学級全体で丸読みや段落読みをする前に、教師は次のように声をかけます。

『友達が音読しているのを自分も目で追って一緒に読むことのよさって何だと思う？』

「内容をしっかり理解できることだと思います」

『そうですね。心の中で読むことで、内容を捉えやすくなりますね』

全部読み終わったあと、教師は次のように声をかけます。

『友達の音読で、こんなよいところがあったよと、みなさんはたくさん気づいたと思います。それを友達に伝えてあげましょう』

「○○くんは、はっきりとした言葉で読めていました」

『出る声ではなく【出す声】で読めていましたね』

「□□さんは、間を空けて読んでいて聞きやすかったです」

『相手を思いやる【傾聴の読み】ができていましたね。それは、みんなが□□さんに相手意識を向けて傾聴していたからです。お互いに相手を大切にできているみんなのよさです。このあとの話し合いがみんなの力で深まることが、先生はとても楽しみです』

❸　ポイント

友達の音読を聞くことと、黙読の二つをしっかり行うことで、文章の理解が深まることを子どもが実感することが大切です。

また、友達の音読に心を傾けることで、仲間に対する思いやりや、仲間との温かい関係性を育む機会にしましょう。聞いている子たちが代表の子たちの読みのよさを伝えることでお互いに相手意識が育ちます。代表で読むときも周りの子を意識した読み方ができるようになります。音読のレベルが上がることで、聞いている子たちも黙読しやすくなります。読みのレベルを相乗効果で高めましょう。

この場面で押さえたい価値語

・傾聴の読み	代表で読む子も、黙読する子も相手を意識して読むことで、思いやりの心を育みます。
・読む力	文章を読むことも、友達の気持ちを思いやって読むことも、両方大切です。

読む場面の困った⑤

ノートに書いたことを読むときにノートから目が離せない

岩月　優子（菊池道場三河支部）

❶　ノートから目が離せない

作文などノートに書いた文章を読むとき、ノートから目を離さず、ただ自分が書いたことをそのまま読むだけになってしまう子がいます。このような子は、書いたことに自信がなかったり、相手に伝えるという意識が低くなったりしているのでしょう。

❷　ノートに書いたことを読むときの言葉かけの例

まずは、子どもたちがノートに書いた文章に教師が朱書きを入れながら、声をかけていきましょう。

『自分の体験したことを詳しく書けているね』

『初め・中・終わりを意識して、分かりやすく書けているよ』

全員が書き終わったら、読む練習をします。

『この文章の中で、一番相手に伝えたいところはどこかな？』

「鬼ごっこで最後まで逃げ切ったところ」

『どうやって読んだらいいかな？』

「大きな声で読めばいいと思います」

「聞いている人を見ながら読めばいいと思います」

『そうだね。じゃあ忘れないように、大きな声で読むところに線を引いたり、相手を見るところに印を書いたりしておこう。できたらペアで練習してみよう』

相手を意識しながら読めている子は、全体の前で読んでもらいます。

「私が楽しかったことは、鬼ごっこです。…」

『○○さんの読み方は、どんなところがよかったかな』

「○○さんは、ゆっくり分かりやすく読んでいました」
「ときどき、聞いている人を見ながら読んでいました」
『すごい！よく気づいたね。○○さんみたいに“目で伝える”と聞いている人が聞きやすくなるんだね』

❸　ポイント

ノートに書いた文章に朱書きをしながら声かけをしたり、ペアで何度も練習したりすることで、自分の書いた文章に自信をもたせることが大切です。練習の中で、ただ文字を追いながら読むのではなく、相手に伝わるように読むためにはどのような読み方をすればよいのか、考えていけるような支援を行っていきましょう。

この場面で押さえたい価値語

・目で伝える	読むときに相手を見ることを価値付け、相手に伝わるように読むよさを伝えます。
・相手意識	読むときに相手を意識することを価値付け、聞き手を意識させます。

読む場面の困った⑥

文章量が多いと読めない

伊藤　太記（菊池道場三河支部）

❶　文章量が多いと読む意欲がわかない

　教科書などを読むとき、文章量が多いとそれだけで読む気をなくしてしまう子がいます。このような子は、文章を読むことが、学級の中でお互いに学び合うスタートラインになることに気づいていないのです。

❷　読もうという気持ちを育てる言葉かけの例

　読み始める前に、教師は次のように声をかけます。
『読み終わったあとに、ペアでクイズを出し合います。クイズを考えたり答えられたりするように、最後までしっかり読みましょう』
　全員が読み終わったのを確認したら、次のように声をかけます。
『考えたクイズを出し合いましょう』
「○○は何だったでしょう？」
「△△です」
　お互いにクイズを出し合ったあと、
『みんなすごいですね。クイズが出せるのも長い文章をきちんと読めたからです。みんな【読むマラソン力】がついてきているね』
『長い文章を読めると、みんなで学び合えるスタートになります』
　と長い文章を読めたことを価値付けるとともに、お互いに学び合うための土台になることを意識させていきます。
　また、丸読み、段落読み、ページ読みなど文章をある程度で区切り、読む負担を減らすのも効果的です。
『全部は辛いね。じゃあ助け合って読んでみようか』

「これくらいなら読めそうだよ」
というように、子どもが「読めそう」と思える量にすることで意欲を高めます。

❸　ポイント

文章量が多くて、難しそう、辛そうと思えば読む意欲がわかないのも当然です。また、読むことが起点となる活動が多いため、読む意欲がわかない子は焦ってしまうことがあります。

国語などで話し合いをする際には、文章を読むことが学び合いの土台になるため、根気強く読む力をつけることが豊かな話し合いにつながっていきます。

この場面で押さえたい価値語

・読むマラソン力	マラソンのように少しずつ読む活動を重ねることで長く読めることに気づかせます。
・みんなで読む	教師や友達と協力することで長いと感じる文章でも読めるよう促します。

読む場面の困った⑦

文字を追うだけで文章の意味を考えない

伊藤　太記（菊池道場三河支部）

❶　音読（黙読）しているだけで、内容を考えようとしない

国語や算数で長い文章が出てきたとき、文字を目で追っていても、場面を正しくイメージしない子がいます。このような子は、正しく読まないことで周りの友達とのイメージにずれが生じ、話し合いがうまくいかなくなることに気づいていません。

❷　文章の意味を考えるための言葉かけの例

国語の読解の場面で、教師は次のように声をかけます。

『気持ちを想像しながら読みましょう。読んだあとにとなりの子と意見を交流します。そのあとにみんなの考えを聞かせてもらうね』

算数で長い文章が出てくる場面では、次のように声をかけます。

『今から読むこの問題の意味をとなり同士で確認し合いましょう』

上記の二つのように声をかけたあと、意見交流をしている子どもたちの様子を観察します。そのなかで、イラストなど自分なりの表現の仕方で伝えている子を見つけたら、その子の側でクラス全員に対して次のように声をかけます。

『○○くんはイラストを使って友達に伝えています。イラストを使うことはありだと思いますか、なしだと思いますか？』

「ありだと思います」

『理由が言える人はいますか？』

「イラストを使うと相手に伝わりやすくなると思います」

「イラストを使いながらまとめると自分でもイメージしやすいです」

『そうですね。自分で読むときに、イラストも使って考えながら読

むとイメージしやすいですね』
『イラストなどの工夫をすることで、お互いのイメージが同じか違っているかも分かりやすくなります。【ただ読むからよく読む】へ、自分らしさを発揮してみんなでレベルアップしていきましょう』

❸　ポイント

音読後に先生の話ではなく、音読後に意見の発表をするなど、普段から、読むことと考えることをセットにした授業を意識します。

そうすることで子どもたちは正しく文章を読むことを意識し、対話・話し合いにつながる自分の意見をもつ習慣が身についていくでしょう。

この場面で押さえたい価値語

・「ただ読む」から「よく読む」へ	読むという行為は読んで理解する・考えるものであることに気づかせます。
・考え読み	考えながら読むことを一つの技として意識させます。

読む場面の困った⑧

分からないことに対して辞書を活用しようとしない

酒井　大輔（菊池道場三河支部）

❶　疑問をもっても、辞書を活用しようとしない

　教科書や本に出てくる意味が分からない言葉を、なんとなく意味を知っているだとか、こんな意味だろうという考えで、「分かった」気でいる子がいます。このような子は、辞書を活用して「分からない」や「疑問」を解決することが、正しく文章を理解し、語彙の量が増えることに気づいていないのでしょう。

❷　辞書を活用しようとする子を育てる言葉かけの例

　国語で物語や説明文を初めて読むときなど辞書を使わせたい授業のときに、教師は次のように声をかけます。

『辞書は【言葉の宝箱】です。この中には何千何万という言葉の意味が載っているんだよ』

　と辞書のよさを伝えます。教科書を読み終わったあと、

「○○ってどういうこと？」

　と子どもが言ったときには、教師は目線を辞書に向けて、

『○○が分からないってことかな？　そういうときは……？』

　と伝えます。辞書を引き始めたら、笑顔でうなずきます。

「□□ということです」

　と、辞書を引き終わったところで子どもに発表してもらいます。

『あなたはこれで一つ言葉が身についたね。辞書と友達だね』

　とほめます。素早くできたときには『【瞬間辞書】だね！』とほめましょう。これを繰り返すことで、辞書の活用を習慣づけます。

　同じ単元で以前に調べた言葉がキーワードになったとき、

『主人公の気持ちは、○○だったね。じゃあ○○ってなんだった？』
「○○は□□という意味なので、ここで気持ちが変わっています」
『辞書で調べると、みんなが正しい意味で理解することができるね。話し合いが深まりますね』

❸　ポイント

子ども一人ひとりの机上に辞書があることが理想的です。できない場合は、図書室から借りて教室に置いておくなど辞書を身近に置くことが大切です。辞書を引くとほめられるという経験を重ね、辞書を身近なものにしていきます。語彙量を増やし、読解力や意見を述べる力が身につくことに気づかせましょう。

この場面で押さえたい価値語

・瞬間辞書	分からない言葉はすぐに調べます。
・辞書と友達になろう	疑問に思ったことがあったら、どんなときでも辞書を活用しましょう。

読む場面の困った⑨

読むことで必要な情報を集めようとしない

長谷部　浩一（菊池道場三河支部）

❶　資料は探したが、必要な情報を集めようとしない

学級全体でディベートやプレゼンをするときに、資料はなんとか手に入れたのに、読むことで必要な情報を集めようとしない子がいます。このような子は、膨大な文章の中のどこに必要な情報があるのか分からず、文章を読もうという気すら起こらなくなっているのではないかと考えられます。

❷　必要な情報を集めたくなる言葉かけの例

資料が用意できたときに、教師は次のように声をかけます。

『資料は用意できたね。これからこの資料のどこに必要な情報があるのか探すよ。文章は全部しっかり読む必要はないよ。宝探しと同じ、ほしい情報が見つかればいいんだよ。さあ探そう！』。

「あった！」「えっ、どこどこ？」「ここだよ」「これは使えるかな」

しばらくすると教室のあちこちから子どもの声が聞こえます。

何を探していいのか困っている子には次のように声をかけます。

『どんなことで困っているのかな』

「何を探していいのか分からなくなってしまいました」

『どんな情報がほしいのかな』

「スマホを見ていて事故にあった人…」

『《スマホ》や《事故》という言葉（キーワード）を探すといいよ』

「分かりました」

情報を探した子が先生のところに来ます。

「先生、ここは資料として使えますか」

『よく見つけたね。なかなか簡単には見つからないものなんだよ。でもねばり強く探して見つけたんだね。君には情報発見力があるんだよ。素晴らしい！』

❸　ポイント

主張の裏付けとなる根拠には、事例・データ・権威のある人の発言などがあります。ここでは膨大な情報の中から自分の言いたいことに関連した情報を探してきたことをほめて自信をつけさせたり、情報探しのおもしろさを身につけさせたりするとよいでしょう。

また、困っている子にはスモールステップでできることを指示してあげると参加意欲が出てきます。

この場面で押さえたい価値語

・情報発見力	自分が探している情報を発見することもコミュニケーションには重要なことです。
・ねばり力	情報を見つけるにはすぐに見つからなくても諦めずに探し続ける根気が必要です。

読む場面の困った⑩

資料をもとに読み比べができない

近藤　史親（菊池道場三河支部）

❶　自分の資料に固執してしまう

　ディベートなどグループごとの話し合いのとき、自分の資料と相手の資料を読み比べられない子がいます。このような子は、自分の資料に固執してしまい、相手の資料と読み比べることで新しい意見をつくり上げていくというよさに気づいていないのです。

❷　価値を伝える言葉かけの例

　ディベートでのチームごとの話し合いや、グループでの調べ学習の場面で、教師は次のように声をかけます。

『みんなが調べてきたことをグループごとに話し合ってまとめていきたいと思います』

『一人の子が一つのことを調べてきたとします。もう一人の子も違うことを一つ調べてきたとします。二人の調べてきたことを合わせるといくつになると思いますか？』

「１＋１だから２だと思います」

『そうですね。まずは友達の調べてきたことをしっかりと読むことが大切ですね。そこで２になります。それだけかな？』

「二つの違いを見つけたり、組み合わせたりできると思います」

『素晴らしい。そうだね。１＋１は３にも４にもそれ以上にもなりますね。資料を比べたり、組み合わせたりするなかで、新しい発見や考えが生まれてきますね。【話し合いはニューアイデアを出すために】。自分では思いつかなかった新しい考えに出会えるのです』

『４人グループでそれぞれが二つの資料を持ってきていたら？』

「８以上……？　20くらいになると思います！」
『そうです。友達の資料や考えを活用することで、新しい考えがみんなの力で生まれます。たくさんの考えが生まれるように【発信のためのインプット】を意識して今から話し合いましょう』

❸　ポイント

よりよい対話・話し合いを通して、仲間とともに新しい考えをつくり上げていく価値を子どもたち自身が感じることが大切です。
そのためには自分の資料と仲間の資料を読み比べ、仲間の資料からポイントを読み取ることが必要です。対話・話し合いのなかで新しい考えを生み出すことの楽しさを知った子どもを育てましょう。

この場面で押さえたい価値語

・1＋1≠2	二つの資料からは二つ以上の考えをつくりだせることを伝えます。
・発信のためのインプット	アウトプットするためのインプットを意識させます。

第３章
書く場面の困ったを安心に変える
10のポイント

①ノートを出さない、開かない、ノートの意義が分かっていない

②薄くて小さな字しか書くことができない

③漢字・熟語を使わない

④自分の立場を決められない

⑤理由や気づいたことを１個しか書けない

⑥友達の意見を付け加えない、メモをとらない、黒板を写すだけ

⑦ありきたりな表現しか書けない

⑧友達との関わりについて書けない

⑨根拠や理由を書けない

⑩ノートを離れた「書く」活動につながらない

書く場面の困った①

ノートを出さない、開かない、ノートの意義が分かっていない

西村　昌平（菊池道場岡山支部）

❶　机の上にノートを出さない

　年度初め。授業が始まっても、机の上にノートを出していないという場面があります。ノートに対するそもそもの捉え方を問い直し、子どもたちと一緒に考えたいと思います。「ノートは先生の黒板を写すもの」「繰り返しの練習をするもの」だけではないはずです。

❷　ノートの意義を問う言葉かけの例

　ノートを出していない子どもがいます。一方で、休み時間の内にきちんと出して準備している子どもに、

『何でもう机にノートを出しているの？』

　と聞くと、

「すぐに写せるように…」「勉強が始まる前に準備するべきだから」

　と、まじめな子なら答えます。

『えらいね。やる気が素晴らしい』

　ノートを出している児童に着目し、その子たちを立たせます。

『この人たちは、勉強にとてもやる気があるのが分かります』

「ノートを出しているから？」

『そこに気づくあなたの目が素晴らしい。もう真似をして、同じように出している人もいるでしょう。よさを広げてくれるのですね。よいことの真似をする、とてもよいクラスです』

『ノートを出したら、“やる気の姿勢”を見せてください』

　全員がノートを出したところで、次のように問います。

『今みんなが出したノート、何に使うものだと思っていますか』

「先生の黒板を写すもの」「漢字や計算の練習をするもの」…。

『ノートは、自分の考えをつくるためのものです。ノートが、あとの話し合いの作戦基地になります』

ノートはあくまで個人内で完結するものではなく、対話・話し合いに向かうためのものだという意義の拡大を図ります。

❸　ポイント

一斉指導の授業に慣れている子どもたちは、「ノートはただ写すだけのもの」という捉え方をしがちです。そこで、ノートのもつ意義を一緒に考えたり、自分の考えをつくる場として活用させたりすることで、ノートの意義や自由度を拡大させていくことが大切です。

この場面で押さえたい価値語

・よいことは真似をする	友達のよさに学ぶ態度を養います。
・ノートは思考の作戦基地	ノートの意義を、「単に写すもの」から「話し合いのためのもの」へと転換します。

書く場面の困った②

薄くて小さな字しか書くことができない

南山　拓也（菊池道場兵庫支部）

❶　薄くて小さな字しか書くことができない

　ノートやプリントなどに、薄くて小さな字を書く子が目の前にいませんか。このような一見気になる字を書く子どもたちを、私たちはどのように受け止め、どのような声かけをすればよいのでしょうか。

❷　濃く読みやすい字を書くように導く言葉かけの例

　４月当初、薄くて小さな字を書く子を見つけると、次のような言葉かけをします。

『整った丁寧な字を書くことができていますね』

「え…、そんなことないですよ」

『丁寧に書く意識が字に表れていますよ』

「そうかなあ…」

『じゃあ、今から、先生が２つの字を書いてみるから、見ててね。あとで、感想を聞きますね』

　二つの字を書いて、子どもに尋ねます。

A	**薄くて小さな字**
B	**濃くてはっきりとした字**

『二つの字を見て、どんな印象を受けますか』

「Aは、なんだか自信がなさそうな感じがします。Bは、Aより読みやすくてはっきりしています」

『○○さんは、３月には自分がどんな字を書いていたいですか』

「Bのような字です」
『先生も○○さんの字が３月にはＢの字よりも濃く、はっきりとした字を書いていると思います。これから一緒に頑張りましょうね』

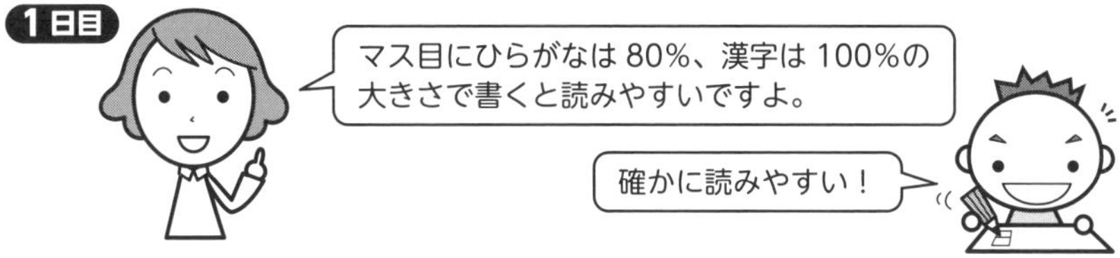

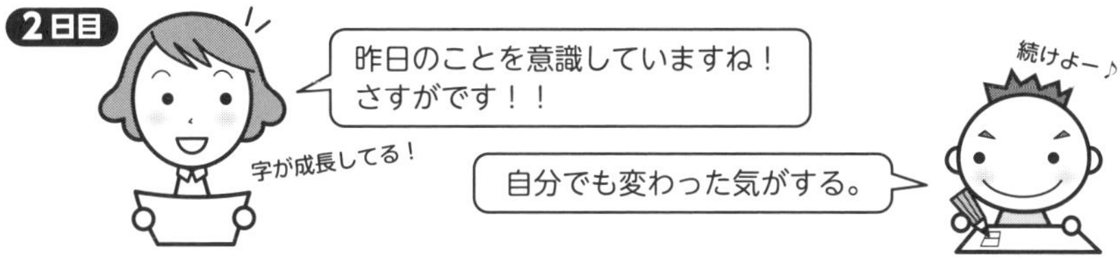

❸　ポイント

薄くて小さな字を書くことが悪いということではありません。それよりも、書いている本人が、自分の字のことを自覚しているかどうかが問題です。濃くはっきりとした字を書くことで、読み手にも読みやすい「思いやりの込められた字」になります。このような価値をその子自身が見出すことができるように、教師がはたらきかけることが大切です。

この場面で押さえたい価値語

・書は人なり	字にその人となりが表れます。
・思いやりの字を書こう	相手が読みやすい字を書くことが思いやりです。
・手刀を汚そう	濃い字を書くと、手の側面が黒く汚れます。 それは濃くしっかり書いた努力の証です。

書く場面の困った③
漢字・熟語を使わない

南山　拓也（菊池道場兵庫支部）

❶　漢字・熟語を使わない

目の前の子どもたちの中に、高学年になったにも関わらず、漢字や熟語を使わない子はいませんか。ノートの字はひらがなだらけで、字形も整わずに読みにくい字を書く子はいませんか。

❷　漢字や熟語を使い、丁寧な字を書くように導く言葉かけの例

子どもたちのノートを見ると、ひらがなばかりで書く子どもが数人いる時に、次のような言葉かけを全体に対して行います。

『これから、二つの文を書くので、見ていてくださいね。あとで、見た感想を聞きますよ』

黒板に次のような二つの文章を書きます。内容は同じです。

A	漢字を使った文章
B	すべてひらがなで書いた文章

『二つの文章を見て、どちらの文章の方がいいですか』

「漢字や熟語を使った文章の方です。ひらがなだけだと、読むのが難しいです」

「漢字を使う方が、読む人にとって分かりやすいです」

ひと通り子どもたちが理由を言った後に、教師が考えを伝えます。

『漢字や熟語を使うと、意味や考えが伝わりやすくなります。つまり、漢字や熟語を使うことは、相手に対する思いやりなのですね。また、成長している人は、字が美しくなるそうです。みんなで成長していく５年４組になりましょうね』

❸　ポイント

「教師は最大の教育環境である」という教育名言があります。子どもたちの言語環境は、私たち教師の使用する言葉で左右すると言っても過言ではないでしょう。教師自身が熟語を使って話したり、板書したりすることを日頃から心がけましょう。

　また、日頃から、漢字や熟語に触れる機会を教師が増やすように仕組んでいきます。例えば、国語辞典の活用です。分からない漢字は自分ですぐに調べ、漢字で書く力を鍛えていきます。漢字ドリルにも熟語がたくさん掲載されています。これらも積極的に利用することで、自ら漢字を使う力を養います。

この場面で押さえたい価値語

・読み手意識をもとう	読み手の気持ちを尊重します。
・博学者になろう	知ること、学ぶことに関心をもち、知識を得ることをめざします。
・パイナップル国語辞典をつくろう	調べた言葉の付箋を増やし、語彙量をアップします。

書く場面の困った④

自分の立場を決められない

西村　昌平（菊池道場岡山支部）

❶　○か×かの自分の立場を決められない

　教師の発問に対して、子どもたちがパッと反応できない、書けないという場面があります。

『主人公の行動について、あなたはどう思いますか。よいと思ったら○を、悪いと思ったら×を、ノートにズバリと書きましょう』

「…？」

　子どもの活動が始まらないとき、動き出さないときに、教師はどのように受け止め、どんな声かけをするべきでしょうか。

❷　学び合うための立場を決めさせる言葉かけの例

　書かないからといって、考えていないということはないはずです。

『考えていることが素晴らしい』

『書こうとしている気持ちが、先生は嬉しいよ』

　と、書いていない状況をまずは受容します。しかし、書かない人を放っておくと、全員参加の学び合いは成立しません。そこで、もう書いている子どもに次のように、小さな声で話しかけます。

『みんなであとで話し合うんだけど、これってあとで変わってもいいんだよね。とりあえずでいいんだよね。…うん、先生もそう思う』

　そして元気よく

『はい、じゃあ４秒以内で書きましょう！』

　このようなやりとりを見せることで，立場を決めるということに安心感をもたせるようにします。その後に、少し語気を強めて次のように言います。

『もう書いているでしょうね』
　全員参加を確認します。“みんなで学び合うのが教室なんだ”ということを、強く打ち出していきます。

❸　ポイント

　一斉指導の正解主義の考えに偏った子どもたちは、○か×かの立場を決めることに躊躇することが予想されます。変容や成長を重視し、意見を変えることが真の学びであるということを示します。そして、躊躇する学びから、自己決定する学びに変えていくことが大切です。

この場面で押さえたい価値語

・一人が美しい	個の確立した学び手をめざします。
・一人も見捨てない	全員参加による学びを促します。
・意見が変わることが真の学び	知識注入に偏ることなく、変容・成長を重視した学びに価値をおきます。

書く場面の困った⑤

理由や気づいたことを1個しか書けない

笹部　裕也（菊池道場兵庫支部）

❶　理由や気づいたことを１個しか書けない

授業の中で自分の考えや理由を書いたり、写真や絵、図やグラフを見て気づいたことを書いたりする場面があります。

教師の指示に対して、１個しか書けない子どもがいるときに、教師はどのように受け止め、どんな声かけをするべきでしょうか。

❷　『書く』ことを価値付ける言葉かけの例

まず、箇条書きやナンバリングといった書き方の指導をします。

『(写真等を見て）気づいたことをナンバリング（箇条書き）でたくさん書きましょう。質より量をめざしましょう』

子どもたちは量を意識し活動していきますが、なかには１個しか書けない子もいます。このとき、教師はたくさん書いている子をほめたり、子どもが書いたことを教師が声に出したりします。

『早い！もう二つ書けたの？すごいな！』

『あ、○○ね！なるほど！これもあるね！』

そうすることで、子どもたちは「それもいいのか」と気づき、書く量が増えていくことでしょう。

『(制限時間がきたら）鉛筆を置きましょう。それでは近くの人とノートを見せ合いましょう』

『見せ合っているときに、自分が書いていないことで「これもあるな」と新しいことに気づいたらどうしますか？』

「メモします」「書き足します」

『では、書き加えるときは赤鉛筆で書き加えましょう』

『(活動後) 友達とノートを見せ合って、赤の量が増えた人？』

　多くの子の手が挙がります。

『赤の量が学びの量です。友達がいるから増えるんですよね。これが学び合うということです。たくさん学ぶことができましたね』

❸　ポイント

　まず質より量をめざして書くように促します。また、１個しか書けない子は友達との交流の中で量が増えていく体験ができます。その体験が“学び合う”ことでよさを感じ、次第に自分で見つけられるようになり書く量が増えていくでしょう。

この場面で押さえたい価値語

・質より量	内容よりも量を書くことに意識づけをします。
・赤の量は学びの量	友達と交流して自分の考えが赤で増えていくことが、学び合いの第一歩です。

書く場面の困った⑥

友達の意見を付け加えない、メモをとらない、黒板を写すだけ

笹部　裕也（菊池道場兵庫支部）

❶　板書を写すだけで、友達の意見や必要な情報をメモしない

「先生、ここは何マス（何行）あけて書きますか？」

４月当初、高学年の中にも低学年のノート指導から抜け出せない子どもが多く存在します。授業中黒板を写すことに一生懸命で、友達の考えや必要な情報を書くことができない子もいます。本章の①とも関連しますが、子どもたちのなかに「板書は写すもの、ノートは覚えるための練習」という意識があるのでしょう。

❷　子どもがもつ“ノートの価値観”を変える声かけ

黒板を写すことに夢中になっている子がいた時、教師は次のように声をかけます。

『ノートは何のために書くのでしょうか』

「黒板を写すためです」「覚えるためです」「復習するためです」

このやりとりから、子どもたちにとってノートとは「授業の記録」の役割が大きいことが分かります。

『ノートは思考の作戦基地です。思考の作戦基地とはどういう意味だと思いますか？』

「思考は考えること？」「作戦は計画すること？」「基地は場所？」

『思考の作戦基地とは、友達の意見や大切だと思ったことをノートにメモすることで話し合いのときに引用したり、もう一度考え直したりするときなど、自分の考えを整理できる場所のことです』

このように、ノートは授業の記録だけではなく、自分の思考を整理し話し合いに向けて書くものであることを伝えましょう。

また、友達の意見や大切な情報を書いておくことで、授業を振り返ることができ自分の考えを深める役割があります。

❸　ポイント

教師は子どもがもつノートの価値観を変える必要があります。ノートは考えるためのもの、話し合う準備をするためのもの（思考の作戦基地）であることを伝えます。そのために子どもたちが考えを書く時間を確保したり、メモをとっている子どもを価値付けしたりしていくことが大切です。そして、話し合うときに友達の言葉やメモした情報を引用できた時にノートの価値に気づくことができるでしょう。

この場面で押さえたい価値語

・メモ力	忘れずにメモする習慣をつけましょう。
・ノートは思考の作戦基地	ノートは考えるために、話し合うために自分の考えたことを整理するために書くのです。

書く場面の困った⑦

ありきたりな表現しか書けない

西村　昌平（菊池道場岡山支部）

❶　「うれしかったです」「楽しかったです」程度の表現

　日記や作文を書くときに、「うれしかったです」や「楽しかったです」といったありきたりな言葉しか書けない子どもがいます。次のようなやりとりで、子どもの書く内容を高めます。

❷　表現の質を高める言葉かけの例

　子どもたちが書き始める前に指示します。書く作業が始まってしまうと、指示が通らないからです。

『この資料を見て、気づいたことを箇条書きでたくさん書きます』

『○か×か。そう考えた理由を箇条書きでいくつも書きます』

『２分間で何個書けるかな。ヨーイ、スタート！』

　子どもたちは競うようにたくさん書こうとします。質を気にして鉛筆が動かない子どもがいたら、次のように全体へ伝えます。

『まず、量です。質はあとでいいのです』

　１個しか書けなくても、書こうとしたことをほめます。

『１個でも書けた人？よく考えましたね。まだの人？書こうとしているそのやる気が素晴らしい。みんなで応援したいですね』

　また、作文などで「うれしかったです」「楽しかったです」と安易な表現で言葉少なく終わることが多いときは、

『書いた人の気持ちがもっと伝わるように詳しくするには、何を書いたらいいですか』

　と、具体的な内容に迫れるように問いかけます。

「何がうれしかったかをもっと書くといい」

「どうして楽しかったか、理由も書けたら詳しくなる」
「理由は三つあります。一つ目は、…と書くといい」
　といったアイデアを子どもたちから引き出し、書く力が豊かになるようにレベルアップを図ります。

❸　ポイント

　子どもたちに作文を書かせる時は、指示をはっきりさせます。何について、どのように、どれだけ書くのかをきちんと伝えることが、書くことに対しての適度な負荷となり、見通しをもてる安心感にもつながります。

参考文献：「授業がうまい教師のすごいコミュニケーション力」
（菊池省三著　学陽書房　2012 年）

この場面で押さえたい価値語

・競い合うのが成長だ	スピードや量の成長を競い合わせます。
・まずは量、次に質	質はあとからついてくる。質を気にせずまずはたくさん書こう。

書く場面の困った⑧
友達との関わりについて書けない

西村　昌平（菊池道場岡山支部）

❶　友達と関わり合い学び合ったことについて書けない

　子どもの学習の感想の多くは、知識について「分かったこと」「気づいたこと」がほとんどです。みんなで学び合うことを目的にした授業なら、当然、「みんなで学び合った結果」という観点で振り返りを書かせたいものです。

❷　友達との関わりについて書かせるための言葉かけの例

　国語の読み取りなどで、５人の子どもの意見を黒板に箇条書きしたとします。それらを「どれもよい」と並列に扱うのではなく、①～⑤と番号をつけて次のように問います。
『①～⑤の中で、自分に一番ぴったりくる意見はどれですか？』
『①の人？②の人？…⑤の人？』
　全員で学び合う授業をつくりたいのです。教師との一問一答で終わらないよう、子ども同士の関わりを意図的に生むようにします。
『先生は、次に何を聞くと思う？』
「考えた理由です」
『先を読んでいますね。たとえ意見は同じでも、それを選んだ理由に自分らしさが出るのですよね。ノートに書きましょう』
　自画像画やネームプレートを①～⑤の位置にそれぞれ貼らせて、立場をはっきりさせてから理由を書かせるのもよいでしょう。
　授業の終わりには、次のように指示をします。
『この時間のだれの、何という発言がよかったかを書きましょう』
「私は、○○というＡさんの意見が思いつきませんでした。とてもすごいなと思いました」
「Bさんのおかげで発見がありました。ありがとう」
　このような意見を価値付け、学級に広げていくことで、対話・話し合いの意義をより深めていきたいと思います。

全員参加で、友達と学び合いましょう！

❸　ポイント

　授業に対話・話し合いを取り入れている学級は増えていると思います。それらの活動と、関わり合いの振り返りはセットで行われるべきです。友達と話し合う活動を通して、自分の考えを深めたり広げたりすることができたかという振り返りを、授業の中で設定するように心がけましょう。

この場面で押さえたい価値語

・理由の中に自分らしさがある	自分らしさや個性を発揮し合える授業をめざします。
・全員参加の学び合い	一人も見捨てず、学級の全員で学び合うのだということを強く押し出します。

書く場面の困った⑨

根拠・理由を書けない

南山　拓也（菊池道場兵庫支部）

❶　根拠・理由を書けないのはなぜか

授業中、ノートに主張とその理由を書くように指示して、教室を見渡すと、ノートに理由を書かずに手が止まっている子がいます。そのような子どもたちは多くの場合、どのように理由を書くとよいのかを困っていることがあります。また、理由が思いつかない場合もあります。その手がかりを教師が示します。

❷　根拠・理由を書くように導く言葉かけの例

❶のような場面では、次のような言葉かけをします。

『なるほど。輸出が多いと自動車会社は困っちゃうのか』

『輸出するより、現地で作った方が買う人にとってもいいよね』

教師は、書いていない子が誰なのかを把握して、教室を歩き回ります。その時、独り言で聞こえるようにつぶやきます。

しばらくして、教師がつぶやいたことを引用している子を取り上げて、全体の前でほめます。

『どうして、さっきまで理由を書いていなかったのにノートに書いたのですか』

「どうやって書こうかなあと思っていたら、先生の言ったことがヒントになったからです」

『それって、どのように書くのかに困っていたのかな』

「そうです」

『今のように、人の考えを引用することが理由をつくることにつながります。説得力を増すためには、自分の考えに近い他の人の意見や考えを引用してもいいですね。それも、立派な理由や根拠です』

❸　ポイント

　理由を書くことは、難しいことです。説得力のある資料やデータを引用して理由をつくる経験を多く積むことが大切です。

三角ロジックを使って、考えを主張しよう

「三角ロジック」は、論理的思考の基礎となる考え方です。主張（最も言いたいこと）、根拠（誰が見ても明らかな証拠資料）、データ（主張の根拠となる事実やデータ）による論理を三角ロジックと呼びます。三角ロジックを使うと、相手に分かりやすく、内容も具体的な主張になります。いわば、思いやりのある主張となるのです。

この場面で押さえたい価値語

・思いやりの主張をしよう	相手に分かりやすい話は、具体的な例を示す伝え方です。相手意識をもって話します。
・三角ロジックを使おう	三角ロジックを使って、相手に分かりやすい主張をつくります。

書く場面の困った⑩

ノートを離れた「書く」活動につながらない

笹部　裕也（菊池道場兵庫支部）

❶　ノートを離れた「書く」活動につながらない

授業中、子どもはノートやワークシートに書く活動が多いですが、ノートから離れた「書く」活動はほとんどありません。それでは、対話的な学びにつながりません。教科書や黒板などにも書く経験を通して、対話的な学びにつなげていく必要があります。

❷　ノートを離れた「書く」活動～対話的な学びに向けた声かけ～

授業では、教科書に線を引いたり書き込んだりしてよいことを伝えます。

『今から先生が教科書を読みます。何か気づいたことがあれば教科書に線を引きましょう』

『（音読後）○○さん、なぜここに線を引いたのですか？』

「ここが問いの文だと思ったからです」

『えらいね。他にもどこかに線を引いている人はいますか？』

「僕は、答えの文に引きました」

「先生もう１つ問いの文がありました」

『線を引くことですぐに話し合うことができますよね。このように教科書に書き込むことで話し合う時の武器になるのです。そして、友達と話し合ったことをどんどん書き加えていきましょう』

また、話し合いの時には黒板を子どもたちに開放します。

「先生、ここをどう説明したらいいか分かりません」

『じゃ黒板に絵で描いてみてください』

「ここが、～となっているから、～です」

黒板を開放することで意見を見える化できます。言葉を書くだけではなく図やイラスト等、その子らしさを大切にします。書く活動を繰り返すことで、書いて説明する必要性を感じ、「話す」と「書く」が両輪となって、対話的な学びとなっていくでしょう。

「書く」活動

❸　ポイント

授業中での「書く」活動は、対話的な学びへつなげるために欠かせないことです。そのために、子どもたちはノートだけではなく、教科書や黒板などにも書く経験が必要です。そのとき、言葉で表現することが苦手な子は、イラストなどを描いて説明してもよいことを伝えると参加しやすくなるでしょう。

この場面で押さえたい価値語

・学びの軌跡 ・話し合う武器	気づいたことは教科書に線を引き、書き込む習慣をつけましょう。それが話し合う時の武器になります。
・図解する	考えをより分かりやすくするために、必要に応じて図やイラストも使って描きましょう。

第４章
聞く場面の困ったを安心に変える
10のポイント

①行儀よく座っているだけで聞き取れていない

②聞き合う雰囲気をつくろうとしない

③話し手に与える消極的な態度を自覚できていない

④最後まで黙って人の話を聞くことができない

⑤意味を考えながら友達の発言を聞くことができない

⑥話のキーワード・テーマが聞き取れない

⑦急にふられると話せない

⑧分からなくても聞き返さない

⑨質問を重ねていくことができない

⑩話の流れを考えながら聞いていない

聞く場面の困った①

行儀よくしているだけで聞き取れていない

藤澤　稔（菊池道場広島支部）

❶　行儀よく静かにしているだけで聞き取れていない

全体に指示を出すとき、ざわつきが収まらない。行儀はよいが、反応が弱く内容が聞き取れていない。都合のよい聞き方をしている。

対話を深めるためには「よい聞き手を育てる」ことが重要です。

❷　『聞く』ことを価値付ける言葉かけ

温かくやさしい雰囲気を大切にして静かに言います。

『話そうと前に立ったら、すぐ嬉しい気持ちになりました。こちらに目を合わせてくれた人がいるからです』と、会釈します。

『自分が話そうとしたとき、友達がおしゃべりを続けていたら、どんな気持ちになりますか』

「話を聞いてくれないから嫌な気持ちです」「話せなくて、困ります」

『どうなったら嬉しいですか』

「すぐにおしゃべりをやめてくれたら嬉しいです」

「うなずきながら話を聞いてくれたら安心します」

『相手を静かに待つことができる。これは、友達への優しさです。さらに、笑顔でうなずきながら聞いてくれる。友達も嬉しい気持ちになれますね』

『みなさんは、分からなくて困ったことがありますか』

「あります」

『友達の声を素直に聞き合えるクラスならどうでしょう。気持ちや考えがつながりますね』

「先生、質問があります」

『早速、質問ですね。ありがとう。質問があるということは、しっかり聞いていたということです。やる気は姿勢に表れます。「姿」は見えるものです。「勢い」は、やるぞという学ぶ気持ちの強さです。質問は学ぶ気持ちを表しているのです。すごい』

❸　ポイント

　聞く指導にも、見通しが大切です。教師側からの一方的な指導では、静かにさせることが目的になってしまいます。そこで、気持ちをつなげることを心がけます。やりとりの中での価値付けが重要となります。また教師も、子どもたちの話を最後まで聞き、「うなずく」「返事をする」など、反応の模範を示していくことが必要です。

この場面で押さえたい価値語

・やる気の姿勢	学びの姿勢を意識づけます。
・見える聞く力	正対する、うなずく、首をかしげる。非言語に表れるやる気を認め、価値付けます。
・素直なＡのバケツ	相手の意見に素直に耳を傾け、学び合う気持ちを育てます。

聞く場面の困った②

聞き合う雰囲気をつくろうとしない

池田　藍子（菊池道場広島支部）

❶　話し手に体を向けて話を聞かない

　話を聞くときに、私語をしたり、鉛筆を机に当てて音を鳴らしたりする子どもがいます。このような子は、態度や表情、仕草が相手へ与える印象に影響しているということや、聞き手が学習の深まりに大いに関わっていることへの重要性に気がついていないのです。

❷　聞き合う雰囲気をつくるための働きかけ

　友達が立って発表をしているときに、私語をしている子どもがいたら、すかさず
『今から二つの聞き方をするから、どちらがいいか考えてね』
　と教師は子どもたちに言います。
『Ａ（よそ見をして、うなずきも返事もしない）』
『Ｂ（体を向けて、うなずきながら聞く。相槌もする）』
『Ａがいいと思いますか。Ｂがいいと思いますか』
「Ｂです」
『どうしてＢがいいと思ったのですか』
「Ｂの方は、安心して話しやすいと思ったからです」
「Ｂの方が話している人への思いやりが伝わるからです」
「Ｂの方はうなずきや相槌をしているから、話してもきちんと伝わっているか分かるからです」
「Ｂの方が勉強に対してのやる気が伝わるからです」
『そうですね。Ｂの方が相手への思いやりがよく伝わりますね。
　体も向く、心も向く。それを正対するといいます。Ａの方も耳で

は聞いてはいますが、聞いている“つもり”かもしれません。より内容が理解できるのはＢの方なのでしょうね。Ｂのような聞き方ができるみんなに成長すれば、学習内容もより深いものになっていくのでしょうね。とても楽しみです』

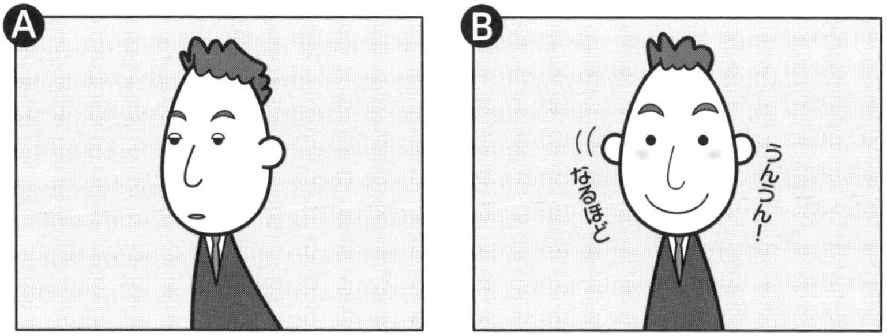

❸　ポイント

理論的に伝えても聞くことの重要性はなかなか伝わりません。そこで、ペアの友達にＡの姿とＢの姿で聞いてもらい、どう話し手が感じるのか経験させてみることもよいでしょう。子どもたちが自ら体験し考えることで、聞くことの目的や重要性に気づかせることができます。

この場面で押さえたい価値語

・教室は家族です	家族のように話すことも聞くことも安心してできる教室をつくりましょう。
・束になって伸びる	互いに聞き合い、みんなで一緒に成長しようとする気持ちが重要です。

聞く場面の困った③

話し手に与える消極的な態度を自覚できていない

藤澤　稔（菊池道場広島支部）

❶　やる気、受け入れる気がなく消極的な態度を取っている

　ペアやグループで話し合うとき、よそ見をしたりふてくされていたり。露骨に態度に表れると、関わることは難しいものです。

　まずは、温かい雰囲気づくりを心がけます。その際、関わり合う機会を何度もつくります。対話する経験を重ねる中で少しずつ楽しさを味合わせていくことが大切です。

❷　『メラビアンの法則』

　良好な人間関係ができていないときは、誰しも不安な気持ちを抱くものです。そこで次の話を紹介します。

『友達に与える印象は「言葉」と「態度」、どちらが大きいと思いますか』

「言葉だと思います。何気ない一言でも深く傷つくからです」

「言葉です。悪口を言われるととても嫌な気持ちになります」

『二つを比べた時、約60％、実は見たことがそのまま印象として伝わってしまうのです。これを「メラビアンの法則」と言います』

「何も言ってないのに？」「見ただけなのに？」

『そうなんです。もし友達が「嫌われているのかな」と感じてしまったら、友達から笑ってくれることは難しいでしょうね。例えば、挨拶。にこっと笑顔ですか、それとも普通に返していますか』

「分からない」「普通にあいさつしているかも」

『顔は、意識していないとほとんど無表情になってしまうと言われています。不安や緊張で、こわばったり無表情になったりしますよ

ね。でも、それは友達にマイナスの印象を与えてしまうんです』
『となりの友達に「無表情じゃないよね」と確認しましょう』
「無表情じゃないよね！」
『お互いに、その笑顔、最高だねとほめましょう』
　まずは教師が微笑みます。気負っていた子どもたちも徐々に朗らかな表情になります。少しずつ心の鎧を外していくのです。

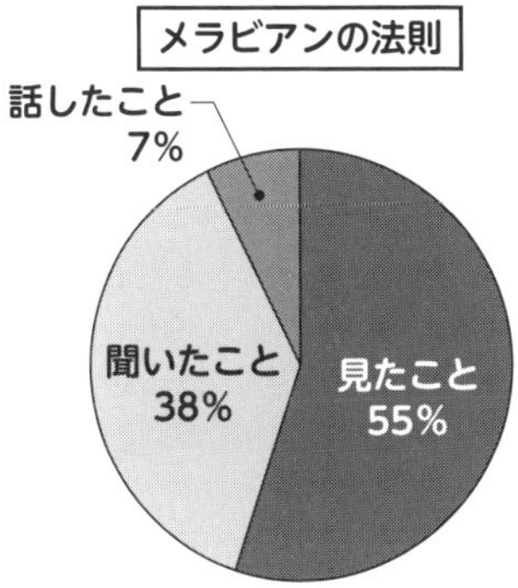

❸　ポイント

『笑顔のもつ力』を、価値語を交えて紹介します。にこやかに、朗らかに。最初は子どもたちの表情をほめて安心感と温かい空気感を育みます。プラスの変容の積み上げが重要です。

この場面で押さえたい価値語

・口角を上げる	表情はつくれること、表情一つで気持ちが伝わることを伝えます。
・にこにこ笑顔力	笑顔は安心感を与えることを共有します。
・鏡は先に笑わない	まずは自分から笑顔で声をかけていく積極性を育てていきます。

聞く場面の困った④

最後まで黙って人の話を聞くことができない

藤澤　稔（菊池道場広島支部）

❶　最後まで黙って人の話を聞くことができない

全体に話をしている途中に、立ち上がったり「分かった、分かった」と大きな声で連呼したりする子はいませんか。『対話的な学び』を深めていくには、落ち着いて聞いてもらえる雰囲気、話を受け止めてもらえる安心感をつくることが重要です。

❷　『沈黙の美しさ』

静かに話を聞くことができていないときに、このように話します。

『静かに話を聞くことで、プラスになることは何かな』

「友達の声がよく聞こえます」「大きな声を出さなくてすみます」

「話す側も聞いてもらえたら、気持ちよく話すことができます」

『そうですね。○○さんは、一生懸命説明している友達を、最後まで黙って待ってあげていました。やさしいですね。皆さんはこのまま３か月先も、おしゃべりを続けますか』

「それは駄目です」

『どうして？』

「うるさいと集中できないからです」

『そうですね。聞く姿勢には、言いたいことを我慢して待てる心の強さも表れます』

「そうなの？」

『いいですね。不思議に思うということは、聞いていたということです。みなさんは、どう思いますか』

「途中で話されると言いたいことが言えなくて嫌になります」

『静かに聞いてもらえると、安心ですよね』
「でも先生、すぐしゃべる人がいるよ」
『すぐに分かってしまう人は、考えながら聞いていると言うことです。すごいですよね。でも、一生懸命考えようとしている友達もいます。じっくり聞きたい人のために、最後まで黙って待ってあげる。そんな優しさがキラリと光る□□君であってほしいなあ』

❸　ポイント

　静かになると、不安になりそわそわしたりおしゃべりしたりする子どももいます。沈黙に耐えることができる心の強さと学びに向き合う心の美しさを伝えます。

この場面で押さえたい価値語

・沈黙の美しさ	集中して話を聞こうとする姿は美しいものです。
・心を研ぎ澄ます	友達の思いに心を寄せる優しさが大切です。
・傾聴の Win-Win-Win	話し手も聞き手も、他の友達もみんなでやりとりができる安心感が生まれます。

聞く場面の困った⑤

意味を考えながら友達の発言を聞くことができない

藤澤　稔（菊池道場広島支部）

❶　友達の発言の内容を聞くことができていない

授業中、「いいです」「分かりました」と元気のよい声が響きます。『では、どういうことかな？』『自分の言葉で言える人？』と、問い返した途端に尻込みする子どもたち。

きちんと聞いてもらえないと、発言する子どもも不安になります。

❷　『聞きたい』を生み出す

まず、聞くことが確かな判断につながることを伝えます。

（聞き逃していた子どもとひそひそと内緒話をするように）

『長く話せるということは、しっかり考えていたということですよね。それをきちんと聞いてもらえたら、○○君も嬉しいですよね』

『今の説明は、何というのだったかな。…じゃあ、もう一度だけ、説明してもらいましょう』

「もう少し大きな声で言ってください」「ゆっくり言ってください」

『いいですね。しっかり聞こうという気持ちが表れています』

『習った言葉で言える人！』

「○○君の言っていたことは、【△△】のことです」

「他にもあります。【□□】とも言えます」

『しっかり聞いていると、習った言葉で説明したり短くまとめたりできますね。さすがです』

（教室の真ん中辺りに分け入り、ささやくように）

『かしこく話を聞ける人は、聞くだけでなく、自分とはどこが違うかなと比べるらしいですよ。さらに、どうしてかな？と友達の気持ちを考えながら聞いていると本に書いてありました』

「どうしてそう思ったのですか」

『すごいな。友達に質問ができるということはしっかり聞いていたということです。理由を聞くと友達の気持ちがよく分かりますね』

「理由が言えます。なぜなら…」

『「なぜ、どうして？」と考えながら聞くことを『なぜ思考』と言います。考え続けることができる。骨太な学び手ですね』

❸　ポイント

聞く観点を時期や段階に合わせて指導することで、対話に必要な聞き方を習慣づけます。「５Ｗ１Ｈ」「事実」「意見」「理由」「根拠」など、観点を意識して聞き取る習慣を育てることが重要です。

この場面で押さえたい価値語

・５×５の対話力	よい聞き手が、よい話し手を育てる。対話の力は聞き手と話し手のかけ合いです。
・完コピ力	繰り返せるのは聞いているからです。
・根拠を探るなぜ思考	意見の根拠を探ったりつながりを考えたりする「なぜ」「どうして」を大切にします。

聞く場面の困った⑥

話のキーワード・テーマが聞き取れない

河内　伯子（菊池道場広島支部）

❶　ぼんやり聞いていて、大切なことが聞き取れていない

　友達の発言や教師の指示を聞かなければならないとき、静かに聞く姿勢は見せているものの、何を聞き取ればよいのか分からず、そのあとの活動に参加できないという場面はありませんか。

「今の話、ズバリひと言で言える人？」という教師の問いかけに答えられない子どもにはどのような手立てが有効でしょうか。

❷　話を聞き取るポイントを示す言葉かけ

『最初の 10 秒で何についての話なのか、予想しよう』

　などの声かけをすることで、話の聞き取りを自分のこととする意識をもたせ、聞く構えをつくらせます。

『今の話、ズバリひと言で言える人？はい、□□さん』

「はい、○○についての話だと思います。何回も○○という言葉が出てきました。特に後半に多かったです」

『すごい。“何回も”という言い方は、細部までよく聞いていた証拠ですね。そして、長い話を前半、後半に分けて聞けるのは、話の流れも、しっかりつかんでいるからですね。なぜこのように話の内容を聞き取れたのでしょう？』

「先生、□□さんは、メモを取っています」

『なるほど。メモを取るとどんなよいことがありますか？」

「キーワードを忘れないように残せます」

「話の流れがつかめます」

「大事なことと、そうでないことを分けながら聞けます」

「大事なことだけメモすればいいよね」
「大事なこと…あっ、そうか。事実と根拠に分けて聞けます」
「似た言葉だけど、エピソードと考えという区別もできます」
『すごいなあ。習ったことがどんどんつながっていくね。メモを取りながら聞くと、事実と根拠、エピソードと考えを区別できるようになるんだね。具体と抽象という言い方もできるね』

❸　ポイント

メモしながら話を聞き取ることで、授業に参加できる、分かる、楽しいという感覚を子どもに実感させれば、次からの聞き方が変わるはずです。教師はそこをすかさずほめたいですね。

この場面で押さえたい価値語

・聞くことは愛	相手の話を自分のこととして聞こう。
・言葉置き換え力	言葉を言い換える力（語彙力）が学習をつなぐ。
・メモ力	人は忘れるからこそ、メモが大切。

聞く場面の困った⑦

急にふられると話せない

河内　伯子（菊池道場広島支部）

❶　友達の発言のあと、急に当てられても答えられない

　授業での対話や話し合いのとき、『今の○○さんの意見をどう思う？』とつなぎ発言を求められても、全く反応できない、話せない子どもがいます。聞き合い、考え合うために、急なふりにも楽しんで対応できる主体的な聞き方を育てましょう。

❷　聴き合って考え合うための言葉かけ

（具体的に長く話した後に）『今の話をもう一度言える人？』
「はい、…（長い話を再現して話す）」
『ちゃんと聞いていましたね。ではひと言で言える人？』
「○○について□□すればよいということです」
『すごい。ひと言で言えましたね。なぜ、言えたのか分かる人？』
「大事な言葉を聞いていたからです」
「意味を考えながら、聞いていたからだと思います」
『てきぱきと答えられて素晴らしいですね。今、日本全国に書いたことしか言えない人や、急に当てられても答えられない人が増えているそうですが、このクラスはそんなことないですよね』
「はい」
『では、さっきの話を聞いて“感想が三つあります”から始めて、言ってください。はい、どうぞ』
「話を聞いて、感想が三つあります。一つ目は、自分だったらどうするだろうかということです。自分は…」
『すごい。無茶ぶりにもちゃんと答えられましたね。拍手！』

お互いに様子を見て牽制し合う学級であれば、いきなり全体の場で教師にふられても答えるのは難しいかもしれません。小グループでの質疑応答ゲームを体験し、矢継ぎ早の展開に慣れ、楽しめる雰囲気をつくることがスモールステップとして大切です。

❸　ポイント

教師側の急なふりを楽しんで乗り越えられる学級になれば、次は子ども同士でお互いに節度のある無茶ぶりを楽しんで言葉のキャッチボールができるようになります。無茶ぶりは、いわば日常にちりばめられた非日常のかけら。それを楽しみながら乗り越えることが、成長につながります。

この場面で押さえたい価値語

・無茶ぶり対応力	とっさに対応できる力こそ学びへの総合力です。
・即興力	臨機応変に自分を表現することを楽しみましょう。
・アドリブほいほい	挑戦は成長の大きなチャンス。

聞く場面の困った⑧
分からなくても聞き返さない

池田　藍子（菊池道場広島支部）

❶　「分かりません」と言えない、聞き返さない

ペア活動やグループ活動のときに、本当は分からないけれど、「分かりません」と言えず、何も返事をしなかったり、「分かりました」と言って黙ってしまったりする子がいます。そのような子は、分かったつもりでその場から逃げ、何も学んでいない、何も成長していないということに気がついていないのでしょう。

❷　分からないことを聞き返すようにするためのはたらきかけ

分からないところがあるのにそのままにしている子どもがいた時、教師は近くに行ってこう聞いてみます。

『今のところ、分かった？』

「ううん。分かりません」

『どうして聞かないの？』

「聞くのが恥ずかしいからです」

『そのままでは、困りませんか？』

「困ります」

その後、クラス全体に問いかけます。

『今のところが分からなくて困っている友達がいます。みなさんならどうしますか』

「友達に聞いてみる」

「分からないからもう一度教えてと言ってみる」

「質問をする」

『素敵な考えがたくさん出ましたね。では、質問をしたらどんなよ

いことがありますか』

「もっとよく分かるようになる」「学習が深まっていく」

『そうですね。質問をすると理解が深まっていくよさがあるのですね。つまり、質問ができる人は学習を深めていける人なのでしょう。みんなで質問をし合い、学びを深めていきましょう』

❸　ポイント

分からないと自ら言うことは、大人でもなかなかできないものです。教師は分からないと言った児童のフォローをし、分からないと言ったその行動を全体の前で価値付けしていきます。児童に失敗感を与えないようにしていくことが大切です。

この場面で押さえたい価値語

・恥ずかしいと言って何もしないことを恥ずかしいと言う	分かったふりをしたりごまかそうとしたりして、成長していないことが恥ずかしいということです。
・質問力	質問をすることは理解をより深めていくことにつながります。

聞く場面の困った⑨

質問を重ねていくことができない

藤澤　稔（菊池道場広島支部）

❶　そもそも質問ができない。１回の質問で満足してしまう

ペアやグループで話し合いを行うとき、自分の意見を一方的に話すだけで終わってしまうことがないでしょうか。話し合いは「おしゃべり」とは違います。「対話」としての基本的なスキルが必要です。話を引き出す・深める『質問力』の指導が大切です。

❷　『質問』により、相手の思いや意見を引き出す

『○○君は、習いごとをしていますか』
「はい。バスケットを習っています」
『どうして習おうと思ったの』（**き**っかけ）
「プロの選手を見てかっこいいなと思ったからです」
『やってみて、苦労したことはありますか』（**く**ろうしたこと）
「ドリブルがうまくできなくて、すぐカットされてしまいます」
『うまくやるコツはつかめましたか』（**こ**つや工夫）
「ボールを強くつくことことしっかり腕をふることです」
『なるほど。習っていてよかったことはある？』（**よ**かったこと）
「たくさん練習試合をするので他の小学校にも友達ができました」
『これからの目標は何ですか』（**ね**がいごと）
「仲間を増やして、これからも楽しくそして強くなりたいです」
『気持ちよく、すぐに答えてくれた○○君に、大きな拍手！』
『友達と仲良くなるには、友達のことをよく知らなければなりませんね。好きなことが自分と同じ人を調べてみましょう。「○○は好きですか？」と質問します。答えは「はい」「いいえ」だけです。

「はい」と、５回答えてもらえたら全力でハイタッチです』
『好きなものが同じだと嬉しくなりますね。次は理由を聞いてみましょう。質問上手は、話し合い上手です。友達の考えを聞いてみましょう。「○○したいですよね」に続いて「でも〜じゃないですか」と反論してみましょう。友達はなんと返してくるかな』

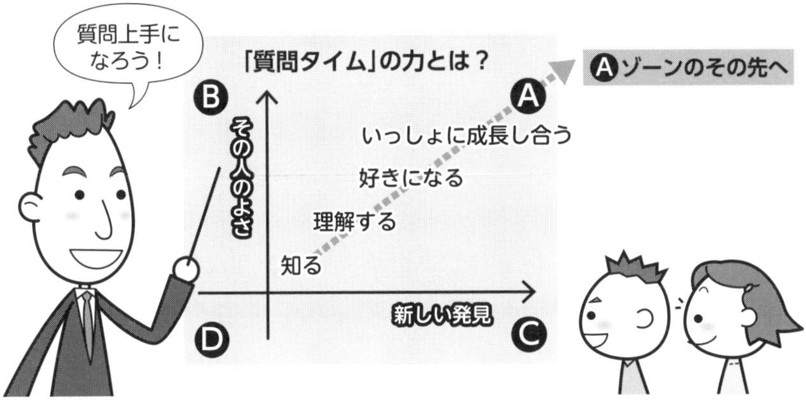

❸　ポイント

何より対話を楽しむ体験することが大切です。回数を重ねます。質問は、積極的なコミュニケーションツールです。質問を重ねることで、友達のよさを引き出し、真似る。真似ることで自分も成長できるのです。質問のもつ力を価値付けします。

この場面で押さえたい価値語

・きくこよね	きっかけ、苦労、コツ、よかったこと、願い等、質問の観点を伝えます。
・頭のよさは聞く力	判断力は情報量に支えられます。
・なぜ思考 ・追求の鬼	「なぜ」「どうして」という考える聞き方を育てます。

聞く場面の困った⑩

話の流れを考えながら聞いていない

池田　藍子（菊池道場広島支部）

❶　話の流れを考えながら聞かない子どもたち

　授業中、教師や友達が言っていることを一方的に「ただ聞くだけ」の状況はないでしょうか。それでは、子どもたちは主体的にはならず、議論の先を読んで聞くことはできません。子どもが主体的になり、つながり学び合うためにはどうすればよいのでしょうか。

❷　先を読み、主体的な学びにするためのはたらきかけ

　子どもが発表しているとき、発言を途中で止めるよう指示します。

『そこまでにしてください。このあと、○○さんは何と言うと思いますか』

「□□□だと思います」

『○○さん、どうですか』

「合っています」

『どうして、△△君は分かったのでしょうか』

「教科書に…だと書いているからです」

「これまでに…と学習したからです」

『そうですね。これまでに学習してきたことや、教科書などを手がかりにして考えるとよいですね。発言を聞く前に何と言うのか予想して聞くことができるなんて、先を読む力がありますね』

『先を読む力がついてくると、どんなよいことがありますか』

「友達の考えをつなげて発言することができると思います」「議論がかみ合ってくると思います」「より話し合いが深まるクラスになると思います」「深まるから新しいことに気づくことができるよう

になると思います」
『よさがたくさんあるようですね。友達や先生が言ったことだけを受け身で聞いていても深まりません。その先を読んで、みなさんが前のめりで聞くことができるようになるとより学習が深まっていくのでしょうね。さあ、前のめりの姿勢で学習をしていきましょう』

❸　ポイント

先を読んで聞くことに慣れていない子どもたちにとって、予想して聞くことはとても難しいことです。予想することのよさを考えたり、ディベート的な話し合いを行ったりして体験的に身につけていくことが大切です。

この場面で押さえたい価値語

・傾聴力	互いに耳を傾け、聞き合う雰囲気が大切です。
・反論の準備力	先を読んでいつでも答えられるようにしましょう。

第5章
話す場面の困ったを安心に変える10のポイント

①少人数しか手を挙げない

②まっすぐ立っていられない

③前を向いたまま話そうとする

④ちょうどよい大きさの声で話せない

⑤前の人と同じ意見だったら話せなくなる

⑥書いたことしか言わない

⑦話型を気にしすぎる

⑧公の言葉を使った話し方ができない

⑨「ひらめいたら立つ」ができない

⑩「対話に向かう話し方」ができない

話す場面の困った①

少人数しか手を挙げない

松島　睦朗（菊池道場熊本支部）

❶　みんなが挙手できる場面なのに挙げる子は数人

『前の時間に習った公式が言える人？』

「はいっ！」（数人の元気な声、大多数の子どもは沈黙。えっ、ほとんどの人が言えるはずなのに）

発言に慣れている数人しか挙手していないことはありませんか？挙手している子だけを指名すれば、「私が手を挙げなくても、先生は授業を進めていくんだ」と子どもたちは学習することになります。

❷　めざす授業を意識する言葉かけの例

『一部の人の意見で進む授業と、間違いを楽しみながら多くの意見を出し合う授業はどちらがいいですか？一部の人の意見で進む授業の方がいい人？　間違いを楽しみながら多くの意見を出し合う授業がいい人？』

子どもは楽しい授業を、そして力がつく授業を望んでいます。後者の授業の方に手が挙がります。間髪入れず、

『どうしてですか？　成長ノートに書きましょう』

めざす授業の中で、話し合いに参加する大切さを押さえます。列ごとに言わせるなどして板書していきます。

しかし、しばらく経つとまた同じような状況になってくるものです。「間違えることが恥ずかしい」「周りからの視線が怖い」といった心理的要因からくるものです。教師は、間違えても平気な子どもの発言を楽しみつつ、他の子どものフォローつぶやきを拾います。

『○さんは、「〜と言いたかったのでは」と続けていたね』

普段から「挙手指名方式」に頼らない対話を中心とした授業展開にしたり、間違いをよい空気にする指導を積み重ねたりしましょう。

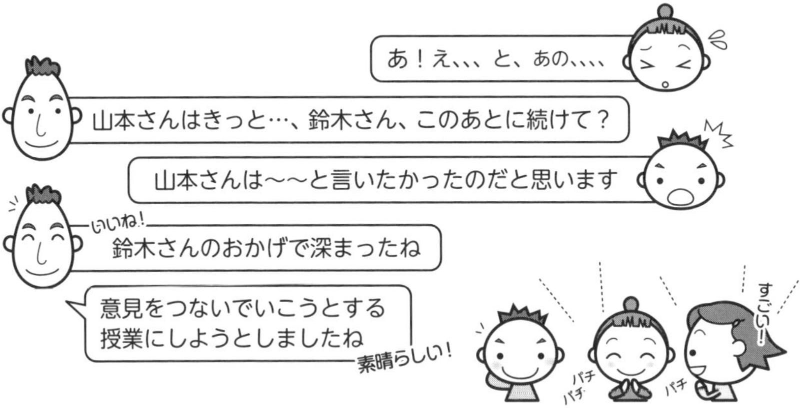

❸　ポイント

どんな授業にしていきたいのか、コミュニケーションの大切さを子どもたちと確認します。めざす授業像として教室に掲示すれば、一人ひとりの発表にも意識が届くことでしょう。

『次の質問にはきっと全員が挙手するでしょう』

と、時にはハードルを上げて負荷を与えていく指導も必要でしょう。

この場面で押さえたい価値語

・一人が美しい ・出席者ではなく 　参加者になる	トンチンカンな発言から授業を創る教師でありたいものです。活動と発表はセットです。温かいフォロー発言を心がけます。
・自己開示	「よそうはうそよ」―笑顔とユーモアで楽しみましょう。

話す場面の困った②

まっすぐ立っていられない

甲野　裕理（菊池道場熊本支部）

❶　話しながら座る

自分の意見を述べるとき、最後まで言い切らず、話しながら座ってしまう子どもはいませんか。このような子どもは、話す際の表情や振る舞い、姿勢といったコミュニケーションにおける重要な非言語の面が、周りの友達や学級全体の学習する雰囲気に負の影響を与えるということに気づいていないのでしょう。話し手と聞き手の両者を考えた態度で話をすることが必要です。

❷正しい姿勢で話すための言葉かけの例

話しながら座る子どもが続いたとき、次のように声をかけます。

『これから、先生が二つやってみるから見ていてね』

「Ａ　～だと思います」（話しながら座る）

「Ｂ　～だと思います」（最後まで言い終わってから座る）

『Ａがいいと思う人？』『Ｂがいいと思う人？』

子どもたちは、Ｂを選ぶでしょう。その後、教師は『どうしてＢがいいと思いますか？』と聞きます。

「Ｂの方が、みんなで学び合おうとする気持ちが伝わってくるからです」「Ｂの方が、言いたいことがはっきり伝わるからです」

子どもたちの考えを確認した後、教師がコメントを述べます。

『そうですね。先生もＢがいいと思います。Ｂの方が、“私は、最後まで責任をもって言います。”という気持ちが表れていますね。このような姿勢が、みんなで学び合うことにつながっていくのでしょうね。聞いてくださいという思いは、足の先にも表れます。つま先が聞き手の方を向いています。自分の姿にやる気が出ていますね』『話すときに自分の思いをきちんと伝えるためには、“人に正対します”』など、真剣に伝えたいことが伝わるように、話す姿勢がやる気につながる言葉かけの工夫も必要です。

❸　ポイント

　シャキッと座れない、立ち上がりながら話す、椅子に足をかけて話す、ニヤニヤしながら話すなど、気になる態度はいろいろあります。「発言者としての責任」をきちんともち、自覚して正しい姿勢で話すことが大切です。よい姿勢で発表している子どもをモデルとして紹介すると、よい姿を見て真似をし、取り組もうとします。

この場面で押さえたい価値語

・つま先が心の向き	自分の思いを伝える姿を示します。
・人に正対せよ	話すときは、真剣に伝えたいことを伝えます。

話す場面の困った③

前を向いたまま話そうとする

甲野　裕理（菊池道場熊本支部）

❶　相手意識をもって話せず、聞き手を見ていない

いつも教師に向かって、前を向いたまま発表している子どもはいませんか。授業が教師と子どもの一問一答式になっているのかもしれません。話し手が自分の意見に自信がない、教師に同意を求めている、相手意識をもたずに話している、ということが考えられます。

❷　「相手をよく見て話す」言葉かけの例

全体で発表するときに、子どもが黒板や教師に向かって前を向いたまま発表しているときは、教師が次のように声をかけます。

『みんなは、一番前の人の顔が見えますか？』

「見えません」

『見えた方がいいですか？見えなくても伝わりますか？』

「見えた方が伝わります。よく聞こえて表情も分かるからです」

『みんなに伝えるために、後ろを向きましょう。みんな、あなたの顔を見て、発表を聞きたいと思っていますよ』

話し手と聞き手に話す場面の状況を考えさせることが大切です。教師は、『一番聞いている人を見て、笑顔で話しましょう』『あなたの発表を笑顔で聞いてくれている人に、笑顔で話しかけましょう』と声かけします。すると、子どもたちは、相手意識をもって発表しようとします。聞き手を見て体の向きまで相手に向けて発表できたとき、『相手に伝える心で、目線や姿勢もきちんと向いていましたね』とほめます。また、聞き手を見て話せず、声も小さくなりがちな子どもには、『教室の天井の真ん中に、大きなマイクがあります。

そのマイクに向かって発表しましょう』など、学級全体に向かって体を向けさます。学級が安心・安全な場所であり、子どもたちが自然に話せるような学級づくりを行っていくことが大切です。

❸　ポイント

　子どもたちが、目線や体の向きを聞き手に向けて話せるようになると、自然と相手意識が身についてきます。「みんなが聞いてくれている」という安心感が生まれます。聞き手が拍手をすることで、話し手は、「伝えたい。聞いてくれている」という思いをもって自己肯定感を高めていくことができます。

この場面で押さえたい価値語

・相手に伝える	相手意識をもつことで、伝える思いが強くなります。
・体と目線を笑顔で向けよう	体と目線を笑顔で向けましょう。体や目線、意識を話し手に向けることで意欲が出ます。

話す場面の困った④
ちょうどよい大きさの声で話せない

岩下　学（菊池道場熊本支部）

❶　ちょうどよい大きさの声で話せない

人前で話すときに声が大きすぎる子がいます。そんな子は、授業中に活発に意見を言える一方で、自分の主張を曲げずに相手の意見に対して攻撃的になることがあります。また、人前で話すときに声が小さすぎる子もいます。そんな子は、いかにも自信がなく、ぼそぼそと発言してしまい、「聞こえません」というような周りの子どもの催促によって座りだすことがあります。人前でちょうどよい大きさの声で話すためには、どうすればよいのでしょうか。

❷　ちょうどよい大きさの声で話すための言葉かけの例

まず、できるだけ早い段階で、「50m 越しの挨拶」を実施します。運動場に子どもたちを並べて、教師が 50m 離れた場所にいます。教師が『○○さん、おはようございます』と大きな声で呼ぶと、子どもが「○○先生、おはようございます」と応えるのです。これをすることで、50m 先の相手に聞こえる声が、「一番大きな声」という認識をもってもらえます。同時に、「50㎝越しの挨拶」も実施します。教室のとなりの友達同士で「○○さん、おはようございます」と挨拶をし合うのです。そのときには、となりの友達だけに聞こえる声の大きさを意識させます。こうすることで、子どもたちは「50m 越しの挨拶」を一番大きな「４の声」として、「50㎝越しの挨拶」を一番小さな「１の声」として認識します。「教室のみんなに聞こえる声」を「３の声」、「グループで聞こえる声」を「２の声」として伝えています。あとは授業中の発表やグループでの話し合いの際に、大きすぎる子や小さすぎる子へは、『３の声で話してごらん。４の声ができたから大丈夫だよ』などと伝えます。

聞き手を育てることも大切です。とくに、小さすぎる声で話す子は、自分の意見に自信がありません。人が話すときには、その人に正対して、真剣に話を聞く雰囲気をつくってあげることが大切です。

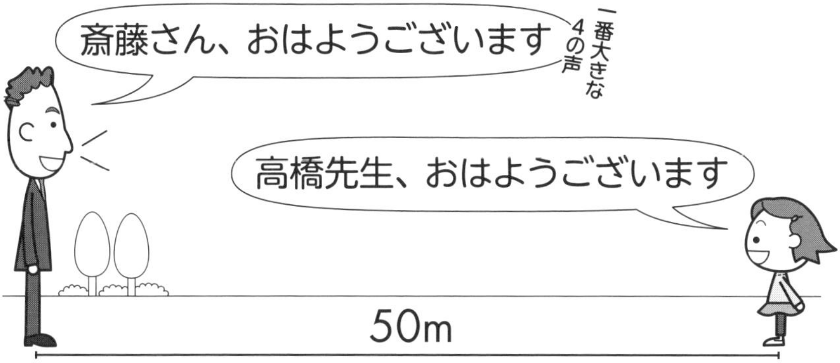

❸　ポイント

声の大きさを変えるのは、相手のためであることを伝えます。伝えたい相手がどこに何人いるかで、声の大きさを変えていかねばならないのです。声の大きさを変えられる人は、「相手軸」で動ける人で、とても心の優しい人なのだと伝えていきましょう。

この場面で押さえたい価値語

・相手軸	声の大きさを変えるのは、伝えたい相手が変わるからです。
・50m 越しの挨拶	一番大きな声と一番小さな声を知ろう。

話す場面の困った⑤

前の人と同じ意見だったら話せなくなる

岩下　学（菊池道場熊本支部）

❶　前の人と同じ意見だったら話せなくなる

話し合いの場面で挙手した子を全員立たせたときに、前の人と同じだったら「同じです」と言って話せなくなる子がいます。また、正解のない問いを話し合う場面で、考えることをせずに「分かりません」と言う子がいます。さらに、算数の話し合いなどで一回答えを間違えたらなかなか復活できない子もいます。このような「同じです」「分かりません」という子や、間違えたら復活できない子が自分の意見を話すには、どうすればよいのでしょうか。

❷　自分の意見を言えるようになる言葉かけの例

まず、教師が「同じです」を容認しないことです。同じ意見であっても「○○さんと同じで、…」と続けて言うことはできます。また、同じ意見でも理由はそれぞれ違うはずです。できるだけノートに意見と理由を書かせてから発表させましょう。『意見と理由はセットで言おう』と促すことで、子どもたちの発表のバリエーションはかなり増えて、「同じです」がいなくなります。

自分の意見を書いてから発表することは、「分かりません」と自分の考えを言おうとしない子どもに対しても有効です。初めは書けなくても、教師が他の子の意見をつぶやくことで、だんだんと真似をして書くことができるようになります。

また、間違えたら復活できない子がいる場合、クラスに“正解しか発表してはいけない”という雰囲気がある可能性があります。そんなときは「教室は間違えるところだよ」「たくさん失敗して間違えた人が、どんどん成長していけるんだよ」と言葉かけをしていきます。話し合いをする前に、「このクラスに人の間違いを笑ったり、バカにしたりする人は一人もいませんよね」と伝えるのも有効です。

❸　ポイント

「話し合い」の目的意識を教師自身がもつことが大切です。一人ひとりの意見を取り上げ、友達の意見から自分の意見を変えていくことが大切です。そのためには、自分の意見を理由とセットで話していくという経験をたくさん積ませたいものです。分かってもらえたという達成感が積み重なって、話し合いの質が深まっていくのです。

この場面で押さえたい価値語

・理由に個性が出る	理由にその人の個性が表れます。
・失敗は成功のもと	話す言葉を短く分かりやすくする感覚を身につけます。

話す場面の困った⑥

書いたことしか言わない

松島　睦朗（菊池道場熊本支部）

❶　考えを書いている途中を理由に、発言しない。

　ノートに考えを書かせ、話し合いに全員参加できる場面は多くあります。列ごとに指名したあと、子どもが立って言う時に、「書いている途中です」と言って、順番を飛ばしてしまう場面はありませんか（途中までしか書いていなくても言ってほしい。確かにまだ書いているけど…。でもこれを許したら…）。教師は瞬時にいろいろなことを考えてしまいます。

❷　無茶ぶりに耐える言葉かけの例

「まだ書いていません」と言ったら次のように言います。
『最後まで書こうとしている。えらいね。でも、今あなたの考えを聞きたいな。賛成か、反対かだけでも言いましょう』
　発問や質問に対して、参加する姿勢を認める。ユニークな答えに対しては、さらにほめる。質問した人にさらに聞き返します。
『○さんが答えないのと、賛成か反対か言うのでは、どちらが嬉しいですか』
　自分の質問に真摯に向き合ってくれる後者を選ぶはずです。子どもたちが一つの意見に補足したり、「○さんの言いたいことは～です」とつなげたりしていくことで授業も活性化してきます。
　菊池省三先生も「対話の核になる即興力を磨け」とおっしゃっています。なぜなら、本当に対話を大切にするのであれば、書いていなくても考えながら発表することが大事だからです。コミュニケーションは、相手の投げた発言に対して自分の考えを返す「言葉のキャッチボール」だからです。
『○○さんはきっとみんながびっくりするような理由を言ってくれるでしょう』と、ハードルを上げて指名しても面白いですね。ピグマリオン効果を活かしたプラスのストロークとなるでしょう。

❸　ポイント

「結論→理由」で話す公的話法と短く話すことを普段から鍛えておきたいものです。

　書く場合でも、自分の立場を考えて聴くことで、無茶ぶりにも対応できていくでしょう。『最後まで書いていないのによく言えたね』と対話に参加した姿勢を評価したいものです。

この場面で押さえたい価値語

・一人が美しい	友達の意見につなごうとして聴く。
・無茶ぶりに耐える	対話はコミュニケーションの基本です。
・即興力	言葉のキャッチボールを楽しみましょう。

話型を気にしすぎる

由川　裕治（菊池道場熊本支部）

❶　話し合いの場で話型の通りにしか話せず、深められない

「私は○○と思います。どうですか」「いいと思います」
…し〜ん…（早く先生、次の指示出さないかな〜？）

こんな場面を経験したことはありませんか。子どもたちが話型を使った話し方しか知らず話し合いが盛り上がらない。豊かな話し合いをするためには、どのような言葉かけをすればよいのでしょうか。

❷　話型を気にせず話せるようになる言葉かけの例

話し合いがし〜んとなったら、すぐ次のように言います。
『はい、時間を巻き戻しましょう。となりの人に「あんた、これ分かるか？」って聞きなさい。時間は７秒です』

あえて、言葉遣いを崩すことで、ラフに話せる雰囲気をつくります。また、時間を短く設定することで、すぐ何か話さなければならないという意識をもたせられます。このような、ミニトークの場面を多くつくることで、話型にこだわらない意識づけを行います。

基本的には、話し合いをさせる前に子どもたちがどのような会話をするのかイメージして、そこで起こるマイナスの部分を取り除くような声かけを先に仕かけておくことが大切です。

例えば、応答関係で話させたいときには、次のように言います。
『自分の意見を言ったら最後に「どうですか」と言いましょう。身振り手振りをつけるといいですね』

話し合いは一方向なものではなく、双方向であることを前提とします。話す番をはっきりさせる、聞いたら答えるということを当た

り前にして、何度も経験させることで、話し合いが活発になります。

❸　ポイント

　話型を崩すためには、教師の授業観が大切です。答えのない問いについて話し合う機会をもつことや、互いの意見を練り上げながら自分の答えを導くような話し合いの経験が必要です。そのためには、即興力や身体的なコミュニケーションが大切になります。子どもが自分の言葉で語り始めたときに、その子の自分らしさが発揮され大きく成長します。話す言葉は「型」→「自由」→「型」…を繰り返しながら、進化します。

この場面で押さえたい価値語

・聞いたら返す	対話の応答関係を身につけます。
・自分らしさの発揮	自分の言葉で話す大切さを学びます。
・白熱しよう！	活発に話し合う雰囲気をつくります。

話す場面の困った⑧

公の言葉を使った話し方ができない

由川　裕治（菊池道場熊本支部）

❶　発表や話し合いの場で適切な言葉遣いができない

人前で話すための適切な言葉をもっていない子がいます。文末まで言い切らず単語で話したり、敬語で話す場面になると黙ってしまったりする子がいます。よく話すけれど一文が長いため主語と述語が混乱してしまい、内容が分からなくなってしまう子もいます。

このような子どもが人前で適切な話し方ができるためにはどうすればよいのでしょうか。

❷　子どもが公の言葉で話せるようになる言葉かけの例

まず、教師が子どもの話す言葉遣いに敏感になりましょう。そして、きちんと丁寧語で話す子、文末まではっきり言う子などを全体の前でほめます。児童が授業中に発した言葉に以下のように声かけをします。「答えは 38 です」『今、○○さんは「答えは 38 です」と単語で話さず文で話しましたね。大人の話し方です』

『今、ペアで話し合いをしているのを聞いていたら、○○さんは、友達のことを「□□さんはどうですか」って話していました。丁寧な言葉遣いができると、相手も笑顔になりますね』

このような、子どもの言葉に耳をすませ、適切な話し方をどんどん全体に知らせます。

また、子どもが話す場面に入る前に、適切な話し方を知らせます。

『牛のよだれのようにダラダラ話しません。一文を短く、言い切りましょう』

『話し合いの始まりは、「よろしくお願いします」ですね。はい、みんな笑顔で、「よろしくお願いします！」相談した友達にお礼を言いましょう。握手をしながら、「ありがとうございました！」』

　先に適切な言葉を示す→実行している子をほめる→他の子も真似する…といういい学びの循環をつくることができます。

❸　ポイント

　子どもたちに話し方を身につけさるためには、即時指導が原則です。日常生活の中で、その時その場に応じて適切な言葉遣いを伝えていかないと身につきません。正しい言葉遣いができている児童をほめたり、笑顔で楽しみながら正しい言葉遣いを学ぶ機会をたくさん設定したりしながら身につけさせたいものです。

この場面で押さえたい価値語

・敬語は社会に出るためのパスポート	公の言葉遣いの大切さを学びます。
・牛のよだれのようにダラダラ話さない	話す言葉を短く分かりやすくする感覚を身につけます。

話す場面の困った⑨

「ひらめいたら立つ」ができない

倉岡　佳世（菊池道場熊本支部）

❶「話したい子」だけで進む授業になってしまう

教師の問いに、大声で答える一部の子どもたちと授業が進められていませんか。教師の問いに答えない子を、発表をしたくない子と決めつけてはいませんか。黙って考えを巡らせているとき、誰かが大きな声で答えを言ってしまう。子どもの中には「せっかく考えていたのに…」とがっかりしている子がいるはずです。子どもたちが自分の考えを自由に語ることができる学級をめざしましょう。

❷「ひらめいたら立つ」ができるようになる言葉かけの例

質問をしたら、『分かったら、立ちましょう』と声をかけます。最初は、簡単な問いや、多様な答えがある問いから始め、全員が立つまで待ちましょう。最後に立った子どもから答えを聞くなど、教師が意図的な指名でどの子にも話す場をつくる工夫をします。

次に、問われたことにぱっと考えをもつことができるよう『10秒以内に立ちましょう』と声をかけます。時間がきたら『となりの人に話しなさい』と指示し、考えを声に出して話させます。一度話したことなら、全体で話すときにも自信をもって話すことができます。立って話すということに慣れてきたら、『ひらめいたら立って話しましょう』と声をかけ、ひらめいた人から自由に立って話す場をつくります。最初は、意見を出し合うだけでもよいでしょう。慣れてきたら、『出た意見に関係のある意見をもった子、出された意見に対して意見があるという子を優先しよう』等、みんなで「立って話すときのルール」を考え、意見をつなぐことを意識させます。

立つことを躊躇する子を助けるのは「○○さんの意見はいいと思うよ。立って話そう！」という子ども同士の言葉かけです。友達の「その意見いいね。さあ、立とう。話そう」という言葉が飛び交うような雰囲気をつくり盛り上げていきましょう。

❸　ポイント

ひらめいたら立って話すことは、手を挙げるよりも勇気が必要です。勇気を出して立ち上がった子どもが「立ってよかった。また頑張ろう」と思うのは、教師や周りの子どもの温かな反応です。誰もが安心して発表できる教室にするために、聞く側の姿勢も育てていくことが大事です。

この場面で押さえたい価値語

・出席者ではなく参加者になる	どの教科、どの場面でも自分から進んで学習に参加する態度を育てます。
・聞いたら感想、書いたら発表	考える姿勢、考えたら話す姿勢を育てます。

話す場面の困った⑩

「対話に向かう話し方」ができない

橋本　慎也（菊池道場熊本支部）

❶　対話へとつながる話し方ができていない

話し合っているのに、お互いに自分の意見を主張するだけで考えが折り合わない、考えが深まらないということはありませんか。対話とは、「ある課題の意味や相手の気持ちを共有し合って、理解を深めること」です。信頼関係を築くためにお互いが向き合い、しっかりと話し合います。そのために、相手と考えを共有するための対話のスキルやマナーも身につけていく必要があります。

❷　対話へとつながる話し方ができるための言葉かけの例

対話ができるためには、相手を真っ向から否定するのではなく、相手がどうしてそう思うのかという考えや背景も理解しようとし、相手を尊重するようにします。

「それは絶対におかしいよ。ごんは一人ぼっちでさびしいから、みんなにかまってほしかったんだよ」「一人ぼっちでさびしいというのは、君が勝手に思っているだけで分からないじゃないか」

『ちょっと待って。言い方が強くなってきたね。人と論を分けて落ち着いて話し合いましょう。今のように、自分の意見を理解しようとしないで全く否定されるとどう思う？』

「それはいやだけど」

『どうして相手がそう思うのか、笑顔力を使って聞き返して、相手の気持ちを理解するといいね。そして、「あなたの意見もいいと思うけど」とクッション言葉も使ってごらん』

「あなたのかまってほしいという意見もいいと思うけど、お百姓さんの生活やその気持ちを考えると、火をつけたりとかはやっぱりやってはいけないことだと思うよ」

　など、お互いを尊重し合って話し合うことで新しい答えを導き出すという意識を子どもたちにもたせる言葉かけをしましょう。

❸　ポイント

　話し合いが感情的になってきた場合は、「人と意見を区別する」ことを言い、相手を尊重しながら話し合うことの大切さを指導します。また、相手の考えや背景も理解するために聞き返したり、クッション言葉や表情、声の調子なども気をつけたりするよう指導します。

この場面で押さえたい価値語

・人と意見を区別する	相手の気持ちを尊重します。
・笑顔力	笑顔でやさしい言い方で話します。
・クッション言葉	相手への配慮や思いやりを示します。

第6章

話し合う場面の困ったを安心に変える10のポイント

①重たい雰囲気しかなく動かない

②人任せにして話し合いに参加していない

③いつも同じ人とばかり交流する

④全員参加をめざそうとしていない

⑤話し合いが書いたことを読んだり、メモしたりするだけになっている

⑥「なぜ？」「例えば？」が出てこない

⑦議論がずれている

⑧「時」「番」の意識がない

⑨感情的になりすぎる

⑩自分の意見に固執しすぎる

話し合う場面の困った①

重たい雰囲気しかなく動かない

堀井　悠平（菊池道場徳島支部）

❶　重たい雰囲気しかなく動かない

話し合いをする場面で、子どもたちの体が「硬くて遅く」全体的に雰囲気が重たいなと感じるときがあります。このような学級で『話し合いましょう』と言っても、子どもたちはなかなか動き出しません。コミュニケーションあふれる教室には、たくさんの笑顔とスピード感があります。子どもの体が「柔らかくて速い」のです。

❷　「柔らかくて速い」体をつくる言葉かけの例

成功する話し合いの鍵の１つが「笑顔」です。

『よい話し合いができるペア（グループ）は笑顔です。このように（口角を上げた絵を描きながら）口角をキュッと上げましょう。では、話し合う前にお互いの最高の笑顔を３秒間、見せ合いましょう』

教室に笑顔があふれます。教師もニコッと微笑みましょう。

『どのペア（グループ）が一番笑顔の素敵な話し合いができるかな…？ポイントは口角をキュッとね。それでは笑顔で始めてください』

話し合い後は、笑顔のペア（グループ）を取り上げて、先ほど描いた絵の横に名前を書くと、子どもたちの意識がさらに高まります。

コミュニケーションあふれる教室は、スピードもあります。そこで、具体的な数字を示すこと、「秒」を意識させることが大切です。

『５秒間となりの友達と相談しましょう』

『10 秒以内でグループの机に移動します』

『よい挨拶とはどんな挨拶かをとなりの友達と三つ以上出し合います。時間は 60 秒です』

「1分」よりも「60秒」と指示する方が、子どもたちが時間を意識してスピード感のある動きに変わります。また、席を立ったり動いたりして体をほぐすことができるような活動を取り入れることも大切です。「柔らかくて速い」体の子どもたちは、コミュニケーションも活発になっていきます。

❸　ポイント

話し合いでの評価といえば、主に声の大きさや話す内容に目が行くのではないでしょうか。それでは、柔らかくて速い体はできません。非言語も話し合うときに大切だという考えをもって指導することが大切です。自ずと子どもたちのほめどころも増えます。

この場面で押さえたい価値語

・口角を上げる	笑顔の話し合いを促します。
・手にもモノを言わせよう	非言語を活用したコミュニケーションに意識を向けるようにします。
・秒単位のスピード	秒単位で動くスピードをめざします。

話し合う場面の困った②

人任せにして話し合いに参加していない

井戸　省太（菊池道場福山支部）

❶　話し合いで発言しない

　学級全体での話し合いの中で、自分の意見を述べず、聞くことばかりになっている子を見かけませんか。

　このような現象の背景として、自分の意見を述べることが友達や学級全体、そして何より自分自身の学びを深め、成長を加速させる力をもつということに気づいていないと考えられます。

❷　積極的に発言することを促す言葉かけの例

　何を話せばいいか困っているのであれば、

『書いたのを読むだけでもいいよ』

　と、まずは自分の考えを書かせて、それを読んでも立派に発表できたと、しっかりと価値付けていきましょう。

　それでも発言しないことが続くようであれば、次のように声かけを行います。

『これから話し合いです。ＡとＢどちらがいいでしょう』

『Ａ　（話さずただ立っているだけ）』

『Ｂ　ぼくは○○です。理由は～だからです（積極的に意見を述べる）』

『ＡとＢ、みなさんはどちらがいいと考えますか』

　子どもたちがどちらを選んだか確認します。そして、

『なぜＢの方がいいと思いましたか』と尋ねます。

「自分から話しに行っているから」

「意見を言って、話し合いに参加しているから」

子どもたちの考えを出し合わせたあと、教師の思いを伝えます。『先生もＢだったらいいなと思います。自分の考えを伝えることは、友達の成長や学級全体の成長につながるからです。そして何より、自分自身の成長に大きくつながっていくからです。みんなで学び合い、成長し合っていく学級にしていきたいですね』

❸　ポイント

自分の考えを話す以上に友達の考えをしっかりと聞いているのであれば、その姿勢をしっかりと認めましょう。話す側への声かけと同時に、聞く側への声かけも行っていきます。「自分の考えを伝えてよかった」という成功体験を積み重ねていきましょう。

この場面で押さえたい価値語

・口火を切る	自分の考えを進んで発言しようとするやる気を育てます。
・出席者ではなく参加者になる	意見を聞くだけの出席ではなく、意見を言うこともする参加をめざします。
・３＋３＝６↑	ニューアイデアを生むために話し合いをします。

話し合う場面の困った③

いつも同じ人とばかり交流する

堀井　悠平（菊池道場徳島支部）

❶　話し合いをしてもいつも同じ子とばかり交流する

自由に立ち歩いて話し合いをするときに、仲が良い人とばかり話すことがあります。時には、一人になっている子がいても、誰も気づかないこともあります。これでは、みんなで学び合い新しい考えをつくり出すことはできないでしょう。このような状況をプラスに変えるには活動前にマイナスの行為を指摘することが有効です。

❷　マイナスに「釘を刺す」言葉かけの例

一人ひとりが考えをもち、いざ自由に立ち歩いて話し合いをする場面です。ここで前もって話し合い中に起こりうるマイナスを予測します。

『今から自由に立ち歩いて友達と話し合いをします。なぜ、自由に立ち歩いて話し合いをするのでしょうか』

「いろいろな友達の考えを聞くためです」

「自分が気づかなかった考えを見つけるためです」

『そうですよね。じゃあ、こんなのはどうかな？例えば、仲が良い子とばかり話したり、男の子は男の子とだけ、女の子は女の子とだけしか話さなかったりするのは、その目的を果たせていますか。果たせていると思う人？果たせていないと思う人？分かりました。では、黒板に書いたこの二つは、かっこ悪いからしない方がいいね。みんなで一緒に考える教室だもんね』

これだけで、子どもたちの話し合いの姿はガラッと変わります。話し合いの途中で次のように毅然とした態度で言うことも大切です。

『はい、一旦ストップ！先生は、なぜ止めたと思う？』
「…男女関係なく話せていないからだと思います」
『その通りです。自分から積極的に一歩踏み出してみましょう』
　もちろん、話し合い中望ましい姿をよく観察し、黒板に書いた言葉と対応させながらプラスの評価をしましょう。

❸　ポイント

　先手を打つことで、子どもたちと正面からぶつかることなく指導することができます。繰り返し指導する中で「いつもは話さない子と対話を通して仲良くなった」という気づきが必ず出ます。このような言葉を取り上げ、前向きな態度を育てていきましょう。

この場面で押さえたい価値語

・人と意見を区別する	論と論をぶつけ合うことを伝えます。
・男女関係なく話す	みんなで学び合う教室であることを位置づけます。
・金魚のフンにならない	群れではない自分の意志で行動する集団をめざします。

話し合う場面の困った④

全員参加をめざそうとしていない

大西　志帆（菊池道場徳島支部）

❶　一人ぼっちができている状況をそのままにしている

自由に立ち歩いて話し合いをするときに、誰と話せばよいのか分からず立ち尽くしている子や、自分から話しかけに行けずうろうろしているだけの子などをよく目にします。他の子どもは、一人になっている子がいるにも関わらず誰も気づきません。このような状況では、みんなで学び合い、新しい考えをつくり出すことは難しいでしょう。一人ひとりが参加者であるという意識をもち、全員で話し合ってこそ、学びを深めることができるのです。

❷　全員参加をめざす言葉かけの例

話し合いを始める前に、子どもたちに問いかけます。

『話し合いは何のためにしますか？』

「新しい考えをつくり出すためです」

『そうですよね。3人で話し合いをするのと、30 人で話し合いをするのでは、どちらがより新しい意見がたくさん出ますか？』

「30 人の方です！」

『そうですね。30 人みんなが参加者であるという意識をもって、話し合いに参加していくと、よりよい話し合いになるでしょう』

全員が参加することを確認したあと、こう切り出します。

『では、話し合いが始まったあと、もし一人になっている子がいたら、みなさんはどうしますか？』

「一緒にしよう！と声をかけます」

『さすがですね。一人の子がいたら、どんどん自分から話しかけていけばいいんですよね。合言葉は“一人をつくらない”です。30 人全員の力で話し合いをより豊かなものにしていきましょう！』

　全員が参加者になること、一人をつくらないことを確認したところで話し合いを始めます。

❸　ポイント

　友達が話しかけてもなかなか参加できない子には教師がそっと寄り添い、教師との話し合いから始めることが有効です。全員参加だからといって無理に話し合いに参加させるのは禁物です。「他の子とも話してみたいな」と思わせるよう、教師と楽しく話し合うところから始めてみましょう。

この場面で押さえたい価値語

・出席者ではなく参加者になる	話し合いに積極的に参加する態度を育てます。
・一人をつくらない	一人ぼっちができる状況をなくします。

話し合う場面の困った⑤

話し合いが書いたことを読んだり、メモしたりするだけになっている

堀井　悠平（菊池道場徳島支部）

❶　書いたことを読んだり、メモしたりするだけの交流

「話し合いましょう」と指示を出してからしばらくすると、途端に話し声が静まることがあります。それは、ペアやグループの交流のときに、自分の考えを読み合うだけ、友達の考えをノートに書き写すだけになっているからです。このような交流では、話し合って新たな考えを創り出すことは到底できません。そこで、話し合いの基本的な流れや、望ましい聞き方を示す必要があります。

❷　「次」を意識した聞き方をしよう

話し合いに入る前に、黒板を使って話し合いの基本的な流れを示します。子どもたちに話を聞いた「次」を意識させるのです。

『話し合いは、①しゃべる②質問する③説明するがセットです』

具体例を挙げながら、子どもたちに話し合いの流れをイメージさせることが大切です。話し合いの基本形を確認したら、

『話を聞くことと質問することはセットにしましょう』

と、続けます。話を聞いた後の活動を意識させるのです。

また、メモするだけの話し合いにならないように注意します。

『友達の考えを「あっ、今の友達の理由を聞いて納得できた」と新たな発見が生まれるときがありますよね。でも、あとから何だっけと忘れてしまったという経験はありませんか？』

「あるある！」

『困ったよね…。どうしたらいいんだろう？』

「メモをすれば忘れないで済むと思います」

『そうです。聞くこととメモすることもセットなんだね。メモは必要なときにすればいいのです。書き写すだけのメモはやめようね』

そして、最後に笑顔で問いかけます。

『聞くことと質問やメモすることをセットにしたら、話し合いはどうなるだろう？』－このように、プラスのイメージがもてる質問で終わります。聞くことへの意識をさらに高めることができます。

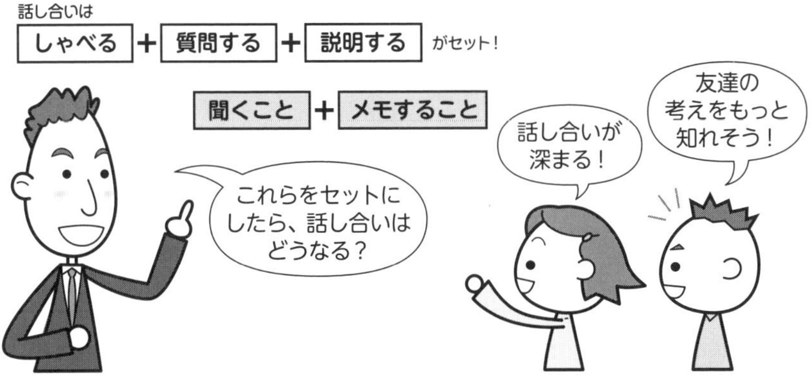

❸　ポイント

話し合いのときに、質問やメモしている子がいたら全体の前で取り上げほめるようにしましょう。よいモデルになります。また、話し合いのあとに質問やメモしたかを確認することもポイントです。

この場面で押さえたい価値語

・聞くことと質問やメモはセット	話を聞いた「次」を考えながら聞くことができるように促します。
・同時に二つする	聞きながらメモすることを求めます。

話し合う場面の困った⑥

「なぜ?」「例えば?」が出てこない

大西　志帆（菊池道場徳島支部）

❶ 「質問で掘り下げる」という思いがない

ペア学習やグループ学習で、自分の考えを相手に伝えるだけの水掛け論になっていて、話し合いが深まっていない場面をよく目にします。それは、「なぜそう考えたのか」「例えばどういうことか」と質問で掘り下げるといった思いがないからです。このような考え方では、話し合いは深まっていきません。よい質問とはどのようなものかを教えることが大切です。

❷ 相手の考えを掘り下げる質問のポイントを教えよう！

『今から質問をしてください。私はフルーツが好きです』

突然、子どもたちに切り出します。子どもたちはぽかんとした表情です。耳に手を当て、しばらく黙っていると、子どもたちから質問が出てきました。

「どうしてフルーツが好きなのですか？」

『いい質問ですね。フルーツの甘いところが好きだからです。今の質問は好きな理由を知るための質問ですね』

「例えば、どんなフルーツが好きなのですか？」

『いちごです。「例えば？」と限定した質問ができましたね』

「なぜいちごが好きなのですか？」

『いちごは、いろいろな食べ方ができるからです。今のように連続して質問してくれると嬉しいです』

このような簡単なやりとりの中で、よい質問のポイントをおさえます。最後に、質問で掘り下げることの価値も伝えます。

『今のやりとりのように、「例えば？」と限定する質問や、「なぜ？」と理由を知る質問を連続させると、相手の考えをもっと詳しく知ることができます。つまり、質問で掘り下げるということは、相手のことを知るということなのです』

❸　ポイント

「質問は分からないときにするものだ」などと、質問することに対してマイナスイメージをもつ子も少なくありません。そこで、４人１組になり、一人に対して何回質問できるかを競い合うゲームを取り入れることも有効です。掘り下げる質問のコツや相手を知ることの楽しさを実感できるようにすることができます。

この場面で押さえたい価値語

・質問することは相手を知ること	質問することの価値を伝えます。
・質問は連続させよう	質問を連続させることで、考えを掘り下げる質問をすることを促します。

話し合う場面の困った⑦

議論がずれている

井戸　省太（菊池道場福山支部）

❶　互いの意見がかみ合わなくなる

　あるテーマをもとに議論をする中で、白熱するあまり、互いの意見がかみ合わなくなり、議論がずれていってしまうことがあります。そのずれが原因で、話し合いがマイナスの雰囲気になってしまい、互いの関係性がぎこちないものになってしまうことがあります。話し合いを「友達との関わりを楽しむもの」や「自分自身の変容を楽しむもの」ということに気づけていないことが考えられます。

❷　議論がずれたことで生じる場面への教師の言葉かけの例

　議論がずれたことで話し合いの雰囲気が悪い方向に傾いているグループがあれば、次のような声かけを行います。

『話し合いは笑顔が大事です。「意見をちゃんと聞いてるよ」の気持ちを表そう。あなたの笑顔、かわいいよって言ってあげよう』

　笑顔は相手の意見を肯定的に捉えていますよというメッセージにつながります。話し合いの土台となる部分です。

　互いに意見がかみ合わず、攻撃的な口調になった子が出てきた場面では、次のように声かけを行います。

『Ａくんの意見は～といったことがよかったよね。Ｂさんの意見は…という部分が素晴らしかった。よい話し合いができています。さらに深めていきましょう！』

　攻撃的な口調を責めるのではなく、そこまでの子どもたちの話し合いのよい点をほめることが大切です。そして、どのようにすれば議論をかみ合わせていくことができるかアドバイスしていきます。

立場に固執してしまい、考えを変えることができない子がいます。

『潔く立場を変えたほうがかっこいいよ。立場を変えた人はそれだけ考えた人です』

内面の変容が成長へとつながることを伝えていきます。

❸　ポイント

基本的には、議論がずれていってもそのままにしておきます。子どもたちがそのずれに自分たちで気づくのを待つためです。多くの場合、子どもたちはそのずれを自分たちで修正しようとします。教師の「信じて、任せて、認める」というスタンスが大切です。

この場面で押さえたい価値語

・笑顔力	相手の意見を肯定的に受け止めます。
・立場が変わるのは考えた証拠	たくさん考えた人が成長する人です。

話し合う場面の困った⑧

「時」「番」の意識がない

中國　達彬（菊池道場福山支部）

❶　指名されなかったらふてくされる

　教師に指名されなかったら「あ～、もう！」と言ってふてくされる子がいます。このような子は、誰よりも先に発言することにこだわるあまり、「他者の意見を受けて話す」ということに意識を向けることができていない可能性があります。

❷　「時」「番」の意識をもたせるための言葉かけの例

　自分が発言することにこだわりすぎている子がいる場合、教師は事前に次のような話をしておきます。

『これからみんなで意見を出し合いますが、みなさんは“話す力がある人”って、何番目に発言した人だと思いますか？』

　教師は黒板に①～③の数字を書き、子どもたちに何番目の人が話す力のある人だと思うか、その理由を含めて考えさせます。そして、子どもたちの意見を聞いたあと、教師がもう一度話します。

『たしかに一番手は口火を切るわけだから、力があると言えますね。ただ、話す力がある人は、前の人が言ったことを受けてさらに自分の考えを発言することができるんですよ。こういう人がいてくれると、最初の人の話がちゃんとつながって、意見が育っていきます。みなさん、今日は何番目に発言しますか？』

　このように話したあと、二番手、三番手になり、前の人の意見を受けて話そうとしている子がいれば、その具体的な内容を取り上げて価値付けていきます。

❸　ポイント

　話し合いの場では、「番」を意識させることで、どの参加者も均等に発言の機会を得られるようにします。また、話し合いの流れを俯瞰し、「時」を意識して発言できるようにすることも大切です。質問によって相手の発言を引き出そうとしている子がいれば、

『さっきの○○さんの質問、いいですね。今が質問の時だということを意識しているんですね』

　と声をかけることができるでしょう。

　話し合いは、合意形成をめざすものであるということを十分に踏まえた上で声をかけていくことが必要です。

この場面で押さえたい価値語

・意見は育てるもの	発言をつなぐことで、最初の意見がよりよいものになります。
・二番手の発言力	二番手以降の発言者が一番手の意見を受けて発言すると、意見が育っていきます。

話し合う場面の困った⑨

感情的になりすぎる

中國　達彬（菊池道場福山支部）

❶　“人”と“意見”が区別できていない

　話し合いがヒートアップし始めると、感情的になりすぎるあまり、必要以上に口調が荒く、表情も険しくなってしまう子がいます。このような子は“人”と“意見”の区別ができていないがゆえに、「自分の意見が認められない＝自分自身を否定されている」と感じている可能性があります。

❷　冷静な話し合いを促すための言葉かけの例

　状況にもよりますが、基本的にこのような場合は話し合いを一旦止めます。そして、例えば次のような話をします。

『ずいぶん白熱してきましたね。では、みなさんがもっと話し合いを上手に進められるようにここで話し方のヒントを出します。これから先生が二つの話し方を紹介するので、どこが違うかよく聞いておいてくださいね』

『A　○○さんの意見は認められません。なぜなら…』

『B　○○さんは“弥生時代は食料が豊かだったから幸せ”と言いましたが、それは認められません。なぜなら…』

　子どもたちの意見を聞いたあと、教師がコメントを述べます。

『そうですね。Bは相手の言葉のどこに納得できていないのかを明らかにしながら話しています。こうやって相手の言葉を“引用”しながら話すと、相手の言葉をより冷静に受けとめながら話を進めることができます』

❸　ポイント

感情的になりすぎる子は、活発に議論しているようで、相手の言葉を受け止めないままにしゃべっていることがほとんどです。したがって、相手の言葉の受けとめ方を具体的に指導していく必要があります。例えば、“引用”の他に“うなずき”の大切さや“クッション言葉”の存在を伝えることも大切です。特に、「○○さんの意見はよく分かるんだけど」と“クッション言葉”からスタートできるようになると、自然に相手を尊重する柔らかな口調で話し合いを展開していくことができるようになります。冷静に話し合いができるようになった子どもたちは、やがて笑顔になっていきます。

この場面で押さえたい価値語

・人と意見を区別する	意見が違っていたら話し合いましょう。話し合えるのが本当の友達です。
・引用なきところに印象はびこる	相手の言葉を引用しながら話すことで、冷静かつ、かみ合った話し合いができます。

話し合う場面の困った⑩

自分の意見に固執しすぎる

中國　達彬（菊池道場福山支部）

❶　自分の立場＝主張を変えてはいけないと思っている

明らかに根拠が崩れているのに立場を変えようとしない子がいます。このような子は、「最初から“正解”を求めないといけない」という意識で参加していることが多く、最初に決めた“立場＝主張”を変えてはいけないと思っています。友達と話し合って考えを変えたり深めたりするという経験に乏しいため、正誤（勝ち負け）ばかりが気になり、自分の変容を楽しむことができていないのです。

❷　変容することの価値に気づかせる言葉かけの例

多くの意見が乱立している段階では、

『もうだめですね。変わりましょう』

と言って変えさせます。それでも変わらないときは、

『潔く変わりましょう』

『潔く“参りました”と言えることがかっこいいんだよ』

などと言って促します。“人”と“意見”を区別するという考えが浸透してきている学級では、このキーワードが力を発揮します。

また、対話の醍醐味（価値）が、発言回数や勝ち負けを超えて「新しい発見」や「自分の変容」にあるということを踏まえれば、次のような言葉で子どもたちの姿を価値付けることもできるでしょう。

『しっかり聞くということは、発言以上に話し合いに参加しているということです。これが“正対する”ということですね』

『白熱したあとに、自分からすすんで相手に“ありがとうございま

した”と言っていました。勝ち負けを超えて白熱することを楽しむことができている価値ある姿ですね』

❸　ポイント

「一斉指導型」の授業に慣れた子の多くは、「意見は一人ひとり違っていい」「意見は変わっていい」という意識、あるいは「議論には時間がかかる」という感覚が希薄です。この意識や感覚は、相手の意見に耳を傾けながら少しずつ対話を重ねたり、「新しい発見」や「自分の変容」を楽しんだりしたという実際の体験がない限りなかなか育つことはありません。教師は、こうした姿が価値あるものなのだということを伝えていくことが大切です。

この場面で押さえたい価値語

・意見は一人ひとり違っていい。そして、変わっていい。	人は一人ひとり違う考えをもっています。だからこそ、話し合う意味があるのです。そして、話し合いを通じて、よりよい考えをつくっていくことができるのです。

第７章

菊池学級「海の命」の話し合いにみる

「話し合い」のポイント

第7章－1

50のポイントが克服された菊池学級の話し合い

中國　達彬（菊池道場福山支部）

これまでに示された50の「～ない」という現象は、「菊池学級」の話し合いの場面では、どのように克服されていたのでしょうか。

それを探る方法として、「映画『挑む』菊池省三　白熱する教室第一部」（監督：筒井勝彦）に収められた、「セミナーでの話し合い（「海の命」作：立松和平）」の場面と50のポイントを対照させて検証しました。丁寧に発言をたどっていくことで、菊池学級の豊かな対話・話し合いの実際が浮かび上がってきました。

【参考資料】「海のいのち」（立松和平ポプラ社刊）から引用

①もう一度もどってきても、瀬の主はまったくうごこうとはせずに太一を見ていた。

②おだやかな目だった。

③この大魚は自分に殺されたがっているのだと太一は思ったほどだった。

④これまで数かぎりなく魚を殺してきたのだが、こんな感情になったのははじめてだ。

⑤この魚をとらなければ、ほんとうの一人前の漁師にはなれないのだと、太一はなきそうになりながら思う。

⑥水の中で太一はふっとほほえみ、口から銀のあぶくをだした。

⑦銛の刃さきを足のほうにどけ、クエにむかってもう一度笑顔をつくった。

⑧「お父、ここにおられたのですか。またあいにきますから」こう思うことによって、太一は瀬の主を殺さないですんだのだ。

⑨大魚はこの海のいのちだと思えた。

菊池　「（①～⑧の文の中で）太一の気持ちがガラリと変わったのはどこか？」

⬅書く④自分の立場を決める

１文め。いないですね。
２文め。いないですね。
３文め。
４文め。一人。ないですね。４文めと５文めのこの行間。は、いないですね。
はい、５文め。

⬅話す①全員が挙手する
⬅読む②すぐに手を挙げる

はい、５文めと６文めのこの行間。
はい、６文め。６文めですね。
はい、７文め。いませんか。
７と８の行間。７、８の行間。
８文め。いないですね。
今、こういうふうに分かれているっていう状態ですね。はい、じゃあ、どこからつぶしたいですか？

Ｃ　④！④をつぶしたいです。

⬅話す⑨自分の意見をすかさず言う

菊池　あ、④？④はどこ？岡田君？ああ、岡田君！岡田君。大原則は、一番少ない人数のところからつぶしていって、２つにする。二大論争にするっていうのが一番白熱するらしいですね。

岡田　みなさん。あの、私は、人は行動の前に何を考えるとか、そういうことを、行動の前にあることは何だと思いますか？そこの方。

参加者　判断だと思います。判断です。

岡田　私は、こう考えました。行動の前には気持ち（あ、座っていいです）があったから、行動するんだと思ったんですよ。これ見えますかね？字が。これ、私の立論なんですけど、６文めに「水の中で太一はふっとほほえみ、口から銀のあぶくを出した」っていう行動が書かれてるんですよ。この行動で変わったって言っているんですけど、行動の前に気持ちがあったから、私は変わったと思ったんですよ。だから、その気持ちで変わったのではないかと。５文めからなんですけど、この⑤には、「太一は泣きそうになりながら

⬅話す⑩対話に向かう話し方

⬅話す③聞き手に向かい合う

⬅話す⑧公の言葉を使った話し方

⬅読む⑦文章の意味を考える

⬅読む④聞きながら文を目で追う

⬅書く⑨根拠や理由を明確にする

⬅書く⑤理由や気づいたことを複数挙げる

思う」って、この「泣きそう」は私は、「涙目」ととって、気持ちをみたら、この４文めに当たるわけですよ。だから、④だと思いました。

菊池　なるほど。

中村　「ガラリ」と変わるっていうのは、「急激にものごとが変わる」ってことなんですよ。

岡田　ここで殺意があるのが分かったっていうだけで、ここらへんで殺意がなくなったって…。

中村　いやだから、それがＢとＡなんですよね？

岡田　……。

中村　殺意があったのがＢですよね？もともとの変わる前のことですよね？

岡田　変わる前だから、Ａじゃないですか？

中村　この議題は、「ガラリと変わる」っていう意味なんですよ。「ガラリ」っていうのは、急激にものごとが変わるっていう意味で、急激を調べると物事が急に激しくなるって意味なんですけど。

⬅聞く⑨（直前の対話も含めて）たたみかけて質問する

岡田　ちょっといいですか？あなたたちのＡとＢは何ですか？

⬅聞く④意味を考えながら友達の意見を聞く

中村　ま、待ってください！えっ

⬅聞く①傾聴していて、す

と、逆に、何で私たちが言わないといけないんですか？

かさず意見に反応する

岡田　えっと、だから、４文めの「こんな感情」っていうのは、全部がここの「こんな感情」で動いたって言ってるわけですよ。ここで、あなたたちが言っている行動が、ここで、その…。気持ちのところで行動じゃなくて。

中村　でも、「変わる」っていうのは、最初のＡとＢがないと、変われないんですよ。

岡田　だからあるじゃないですか。

中村　それが「初めての感情になった」っていうんじゃ…。

内川　だから、あるって言うんなら、そのＡとＢを言ってください。

⬅話し合う⑥質問で掘り下げていく

岡田　だから、さっきのなんでしたっけ？

中村　何文めか。

岡田　「泣きそうになりながら思う」のところから、「ふっと…」。

魚住　それだったらなんで④なんですか。

内川　ちょ、ちょっといいですか？ちょっと、待ってください。これちょっとここ置きますね。これ下に置きますね。

⬅聞く⑤意味を考えながら相手の意見を聞く

菊池　ここで話し合ってて、ここはここで話し合う。メインがあってサブがある。黒板が子どもたちに開放される。教師が消えていく。そのあたりっていうのがキーワードかもしれないですね。

⬅話し合う①主体的で活発な話し合いが進む

内川　いいですか？

菊池　はい、どうぞ。

⬅話し合う⑧発言の順を理解し大切にする

内川　この討論の原則として、ＡとＢであるならば、そしたら、ガラリと変わった部分っていうのは、ＡかＢか…。

（小集団での話し合い）

⬅話し合う③いろいろ人と対話をする

菊池　今、クライマックスのピナクル（尖塔）について言っているんですね。

（小集団での話し合い）

⬅話し合う④全員参加

菊池　ある意味、ディベート的な話し合いなんですね。そのスタイルは、先生によって変わると思いますね。私の場合はディベート的な話し合いをしてきたから、そうした話し合いになっているということです。

内川　デイリーコンサイス国語辞典で調べました。何かの拍子にすることは、気持ちがあってから行動がある。それだけとは言いきれません。

⬅読む⑧辞書を活用する

岡田　「何かの拍子」は、どこですか？

中村　だから、「ふっと」っていうところ。

岡田　だから、この「ふっとの拍子」っていうのは、何ですか？

←**聞く⑧分からないことは確認する**

中村　はっ？

岡田　何かがあったから、こうなったんですよね。

←**話す②まっすぐ立って話す**

中村　だから、この「ふっと」の中に入ってるんです。その気持ちも。

内川　何かの拍子にっていうことは…。

←**書く⑥人の意見を聞きながら考える**

菊池　表現が難しいというよりも、自分の考え方が違う。その人と対話をすることが難しいんですよね。でもそれを疎まないで、楽しめるような状態にしたいわけですよね。そこが一番の価値あることじゃないかなと私は思うんです。

←**聞く②対話に積極的に関わる**

中村　待ってください。待ってください。「こんな感情になったのは初めてだ」って言って、その後の、「この魚をとらなければ…」

岡田　ちょっといい？ちょっといい？言わせて…。

菊池　はい。ちょっと話題変えましょうかね。反論にいきましょうか。はい、どうぞ。

内川　僕から④への反論をします。こんなっていうのはどこかと聞いたら、岡田君は、③の「この大魚は自分に殺されたがっているのだと思ったほどだった」と言っていました。で、「こんな気持ちになったのは初めて」、その「初めて」というのは、デイリーコンサイス国語辞典で調べたところ…。

⬅聞く⑦急に振られても意見を言う

⬅読む③細部まで正しく読む

⬅話す④ちょうどよい大きさの声で話す

菊池　引用と根拠を示す。

内川　「最初」を調べてみると、「一番初め」ということなのです。なので、一番初めというのは、ＡとＢでいうならＡのところです。Ａが初めてなので、それがＡの部分になります。初めてというのは。そして、今

⬅読む⑨読むことで必要な情報を集める

回の議題は「ガラリと変わる」ということです。つまり「変わる」ということは、植物で表すと、ずうっと育てていたヒマワリが急にチューリップになるということと同じようなことです。「初めて」というのは、ずうっと芽が出なかったのに芽が出た、つまり、同じものが成長したとか、出たとか、新しいものが芽生えた。そういうことになります。つまり、「変わる」と「初めて」では違います。なので議題と外れています。

⬅書く⑦ありきたりな表現を使わない

⬅読む⑩資料をもとに読み比べる

⬅書く①ノートを中心に話し合いを進める

⬅書く②はっきりと文字を書く

曽根﨑　この討論は、その一番てっぺんを求めているんですよ。「ガラリ」のドンピシャの部分ですね。

⬅話し合う⑦論題を確認する

鶴　一番最初に、岡田君が、行動の

前に気持ちが変わったって言ってたじゃないですか？だとしたら、普通はここなんですけど、行動の前に気持ちが変わったってなって、ピナクルの位置がここになるんですよ。

曽根﨑　なぜここが、こう変わったのかってなるじゃないですか。

岡田　ＡとＢはないです。

魚住　ほら、なかったら成立しないんですよ。ないじゃないですか。

内川　待ってください。さきほど、曽根﨑さんが言ったように、今回の討論はピナクルを求めているのです。そのピナクルというのは、起承転結の転であり、さらにＡとＢ、ＡとＢがあってこそのピナクルなの

⬅読む①ちょうどよい大きさの声で読む

⬅読む⑤ノートから目を離して発言する

⬅話し合う⑤話し合いの結果をもとに意見を言う

⬅話す⑤前の人の意見に補強して話す

⬅話す⑦話型を気にせずに自分らしく話す

⬅聞く⑥話のキーワードを的確に捉える

⬅書く⑩ノートを越えて書く

で、AとBがないかぎり、その意見は、すべて認められません。

元山　きっかけがないと、変わっているのが分からないから…。

岡田　AとBは、複数あります。

内川　Bが複数あるのはいいんですよ。Aが複数あってしまうと、変わる、変わる、変わる、変わるで、もう、ガラリじゃなくなるんですよ。

⬅聞く③相手の意見を受け入れる

魚住　AとBは何個あってもいいんですよ。でも、それの中で、一番大きく変わったものがピナクルだと言えるんじゃないんですか？

元山　こんなふうになりますよ。

鶴　ピナクルだらけ。

⬅話し合う②（それまで意見を言っていなくても）人任せにしないで話し合いに参加する

内川　つまり、あなたがたくさんAとBがあると言うのは、一番高いAとBは、どこですか？

魚住　そんなピナクルがいっぱいあったんじゃ、ただの読みにくい物語ですよ。

⬅書く⑧自分らしい言葉を使う

岡田　私は、あなたたちが、その気持ちが全部含まれているので、ここと思ったので…。

杉森　まず、④ってこの辺じゃないですか？

⬅話し合う⑨感情的にならないで議論を整理する

岡田　あなたたちの意見でいくとですね？

⬅書く③漢字を使って書く

魚住　っていうか、周りの人もそう思っていて、だから、④は、ピナクルをつくるための土台なんですよ。つまり、そこはピナクルではないんです。もしそこで殺す殺さないの気持ちが変わっていたとしても、それは、土台であって、しかも…。

⬅読む⑥長い文章も丁寧に読む

岡田　ああああ—！！！！ちょっと、大丈夫。もう、君は大丈夫。ちょっと待って、まどちゃん（魚住さん）、ありがとう。分かったよ。

⬅話し合う⑩自分の意見に固執し過ぎない

（握手、拍手）

菊池　ここでこう白熱しますね。それをめざして１年間やっていくわけですね。現象としての白熱と、じゃあそこで意見は言ってないんだけど、自分の内側で、私はこう思うんだけど、ああこの意見聞いて、どう、ああかなって、内側で白熱するってことありますよね。この二つを考えたいなと。自分で考え続ける。そのために全体の話し合いで意

⬅聞く⑩聞きながら先を読んで意見をつくっていく

見をもらう。もらったものをもとに、また自分の中で白熱する。考え続ける人間というか、そういったものにいくのではないかと思っています。

←話す⑥考え続ける人間を育てる

この章に掲載した対話は、「ドキュメンタリー映画『挑む』菊池省三　白熱する教室　第一部」(監督：筒井勝彦)」に収録された映像から文字起こしをしたものです。画像は、同映画の場面のスクリーンショットです。共に、筒井勝彦監督のご厚意と許諾の下、掲載させていただきました。

第7章－2

51 番目のポイント─「考え続ける人間」を育てる

中國　達彬（菊池道場福山支部）

「やっぱり、迫力が違うよね」

あるセミナーの中で、「映画『挑む』　菊池省三　白熱する教室第一部」の監督である筒井勝彦氏が、「海の命」の話し合いシーンを見たあとにつぶやいた一言です。

私も、今から数年前、菊池学級の子どもたちを相手に授業をさせていただいたり、直接菊池学級を訪問させていただいたりする中で、同じように感じたことが何度もありました。

菊池学級の子どもたちの学びに向かう力強い姿勢、そして「読む」「書く」「聞く」「話す」における圧倒的な力は、おそらくそれを見る多くの人たちの心に強く残るものであることは間違いありません。では、こうした「迫力」のある教室の学びは、どのようにして生まれるのでしょうか。

ここまでの 50 項目を踏まえながら、菊池学級「海の命」の話し合いを改めて分析します。

教室の「困った」を「安心」に変えたその先に、子どもたちはどんな学びを実現することができるのか。「海の命」の話し合い映像を分析することで、本書で示されたポイント一つ一つの重要性がより鮮明になれば幸いです。

1　話し合いの土台となる「安心」

映画には収められていませんが、次ページの囲み内の下線を引いた言葉が、実際には語られています。複数の立場が乱立している状態から、検討すべき意見を絞っていく場面、その冒頭です。

菊池	どこからつぶしたいですか？
C	④！④をつぶしたいです。
菊池	あ、④？④はどこ？岡田君？ああ、岡田君！岡田君。
岡田	も～、みんな嫉妬しちゃって～。

ここで岡田君は、自分が主張する④が検討にかけられることを確信します。[1]そして、彼はユーモアを交えながら、「も～、みんな嫉妬しちゃって～」と、みんなからの挑戦を歓迎します。

一見何気ないやり取りのように見えますが、教師の「つぶす」という言葉一つとっても、その後間髪入れず「④をつぶしたいです」と言った子どもたちの発言一つとっても、**教室の中に絶対的な「安心」がある場合とない場合とでは、その文脈が大きく変わってくる**ことは誰の目にも明らかでしょう。ここで岡田君がユーモアを交えて応えることができているのも、その前に教師が笑みを浮かべながら、「ああ、岡田君！岡田君」と言うことができているのも、学級の土台として、だれもが「安心」して学べる絶対的な雰囲気がある証拠だと言えます。

別の視点からもう少し考察してみます。彼はなぜここで「嫉妬」という言葉を使ったのでしょうか。私は、2つの理由を考えています。

1つ目は、**「自分らしさを発揮できる喜びを感じている」**ということです。菊池学級では、自分の意見を表現することは、「自分らしさ」を発揮することに等しいとされています。おそらくこのとき、彼は「みんなに意見を伝えることで、自分のことをもっと知ってもらえるぞ！」「クラスのみんなはきっと自分と同じように思っているはず！」と、自分のことも、友達のことも肯定的に捉えていたのではないでしょうか。おそらく、こうした**友達との肯定的な一**

1　菊池学級の話し合いの流れからして、まず少数派である自分に白羽の矢が立つということは、岡田君自身も予想できていただろう。

体感は、学級が「安心」で満たされているからこそ生まれるのだろうと思います。みんなが「安心」して自分らしさを発揮し合い、そうやって成長し合っていこうとする雰囲気が当たり前に教室の中にある。彼の中で、それが実感として感じられているからこそ、このような言葉が“ユーモアとして”湧き上がってきたのでしょう。

2　「安心」と「目的」が共有されているからこそ対立する意見も受け入れられる

２つ目の理由は、**「否定されてこそ成長できるということを確信している」**ということです。この話し合いにおいて、岡田君はかなりねばり強く話し合いを続けます。途中、他の子からは「自分の意見が一つしかないのに少しだらだらしすぎているんじゃないのかなって思うんですよ」といったツッコミを受けても、自分が納得するまで、しぶとく自分の考えを述べたり対立する意見を聞いたりし続けます。

彼はどうしてここまでねばり強く話し合いを続けることができたのでしょうか。この後、話し合いを振り返って彼は次のように述べています。[2]

参加者　さっき、討論のとき、すごいみんなから集中砲火されてて、私だったら絶対、怒っちゃうなって思ったんですけど、本当に心からムカッとしてなくて、冷静でいられたのかなーっと思って。どうですか？

岡田　うーん。（冷静で）いられました。

参加者　それはなんで？

岡田　（一瞬考える）一応はその、自分で作った意見じゃないで

2 菊池省三・菊池道場『DVD で観る 菊池学級の成長の事実』（中村堂）p221

すか。それがダメになったのは、自分の意見が不十分だったので、その、結局その自分がやってなかったってところが悪いんで、別に他人に怒らなくていいんじゃないかって思う。

参加者　変わるときは、結構、アッサリ変わったように思ったんだけど、（岡田君笑う）あれはなんでなんですか？

岡田　納得したっていうのもあるし、そしたら、じゃ納得したならいちいち続けなくても、ダメだったんだからほかのところに、変わった…。

“自分で作った意見”
“自分の意見が不十分だった”
“納得したならいちいち続けなくても”

この辺りの言葉から、彼の中には「意見を作る→批判を受ける→よりよい意見を作る」というプロセス自体を楽しめる感覚が十分に育っているのだということが分かります。菊池学級の話し合いの主流は「納得解」を追求するものであり、その目的は「考え続ける人間を育てる」ことにあります。おそらく岡田君をはじめとする菊池学級の子どもたちの間でも、こうしたことが自明のこととして共有されているのでしょう。また、こうした話し合いの目的が共有されているからこそ、より「安心」して話し合うことも可能になるのでしょう。

このような集団に育っていれば、**対立する意見も自分を成長する糧として受け入れることができる**でしょう。むしろ、否定されてこそさらに自分を成長させることができると思えるのかもしれません。

菊池氏自身が「常に自己否定もしながら進化し続けようとする人」「常に今を変えていく、進化するために変えていく、そういった取り組みを苦に思わない人」のことを“プロフェッショナル”と呼ぶように[3]、菊池学級の子どもたちも**「何のために話し合うのか」という目的意識を適切にもっているからこそ、対立する意見も含めて、話し合いのプロセスそのものを楽しむことができる**のだと思います。そして、岡田君は、自分だけでなく周りの友達もこうした価値観を共有できていると思ったからこそ、「みんな、嫉妬しちゃって〜」というユーモアで返したのではないでしょうか。

３　「安心」から「白熱する話し合い」へ

映像中盤で、菊池氏が次のようなコメントを挟む場面があります。

> **菊池**　ある意味、ディベート的な話し合いなんですね。そのスタイルは、先生によって変わると思いますね。私の場合はディベート的な話し合いをしてきたから、そうした話し合いになっているということです。

菊池学級の「迫力」を追究していく上で、**「ディベート的な話し合い」**という言葉はおそらく一つのキーワードになってくるでしょう。では、ここで言う「ディベート的な話し合い」とはどのような話し合いのことをさすのでしょうか。また、「ディベート的な話し合い」のよさとはどのようなところにあるのでしょうか。

（１）安定したルールの中で話し合う

この話し合いを見ていてまず気づくことは、教師や子どもが随所でディベートの用語や技術を駆使しているということです。例えば、最初に岡田君が次のように話し始めます。

> **岡田**　これ、私の立論なんですけど…。

3 DVD『プロフェッショナル仕事の流儀　〜小学校教師 菊池省三の仕事 未来をつかむ、勝負の教室』（NHK エンタープライズ）

また、教師が途中で、

菊池　ちょっと話題変えましょうかね。反論にいきましょうか。はい、どうぞ。

と一瞬介入すれば、それまでの話し合いの流れが一区切りし、別の子が意見を言い始めています。

このような形で「立論」や「反論」という言葉が共有できているということは、それらの意味が子どもたちにも理解されていると考えることができるでしょう。また、ここでは、**「立論→質問→反論」という議論の流れ**が学級全体で共有できているということにも着目すべきです。このことは、岡田君と中村さんのやり取りからも明らかです。

岡田　ちょっといいですか？あなたたちのＡとＢは何ですか？
中村　ま、待ってください！えっと、逆に、何で私たちが言わないといけないんですか？

これも、「立論→質問→反論」という順番で話し合いが展開していくという前提があるからこその言葉だと言えます。[4]話し合いの流れが共有できると、自分の意見や議論全体を俯瞰することも可能になります。

このように菊池学級では、ディベートで学んだルール（価値）が授業の中にも活用されていきます。話し合いで、こうしたルールがゆるやかに共有されることで、子どもたちは安心して話し合いに参加することができるようになります。菊池学級の「ディベート的な話し合い」は、安定したルールの中で、「安心」して話し合える環境を提供しているのです。

4　ディベートでは、一方のチームが質問する際、もう一方のチームは質問してはいけない。質問すると「逆質問」として反則となる。

（2）身につけた技術を複合的・総合的に駆使する

他にも子どもたちがディベート学習で用いられる言葉や技術を駆使している場面があります。

次の場面では、中村さんが議題に遡って、その中で使われている言葉の定義について国語辞典を使って確認しています。

中村　この議題は、「ガラリと変わる」っていう意味なんですよ。「ガラリ」っていうのは、急激にものごとが変わるっていう意味で、急激を調べると物事が急に激しくなるって意味なんですけど。

また次の場面では、内川君が岡田君の言葉を使って（確認のための）質問を行っています。

内川　だから、あるって言うんなら、そのＡとＢを言ってください。

さらに、内川君は反論の場面で、岡田君の言葉を引用して意見を述べています。そして、その後根拠を示すために、国語辞典の言葉を引用しています。

内川　僕から④への反論をします。こんなっていうのはどこかと聞いたら、岡田君は、③の「この大魚は自分に殺されたがっているのだと思ったほどだった」と言っていました。で、「こんな気持ちになったのは初めて」、その「初めて」というのは、デイリーコンサイス国語辞典で調べたところ…。

これらの場面に共通していることがあります。それは、相手の言葉や国語辞典の言葉を**引用することで**、相手と**議論をかみ合わせようとしている**ということです。ディベートでは、相手の言葉や資料を引用しながら話すことで、相手の「理由づけ」と「データ」の整合性について確認したり不備を指摘したりします。つまり、話し合いにおいても、**引用することで**、相手の意見のどの部分に質問・反論しているのかが明らかになり、**議論をかみ合わせることができるようになっていく**のです。

他にも、菊池学級の子どもたちは、考えを**「見える化」**したり、「〜ですね」「〜ですよね」という話し方をしながら**相手の意見を確認**したりするなど、様々な技術を駆使して話し合いを展開していきます。「困った」場面から「プラス」に転じた一つ一つの言語技術は、こうしたディベートや「ディベート的な話し合い」を経験することで、さらに**複合的・総合的に**、そして**実際の場に生きる技術として**鍛えられていくのです。

（3）人と意見を区別して話し合う

もう一つ、菊池学級の「ディベート的な話し合い」で注目したい点があります。それは、先述した岡田君にしても、その他の子にしても、子どもたちが**「人と意見を区別して話し合うことができている」**ということです。

話し合いの中で難しいことの一つに、「人と意見を区別する」ということがあります。これは子どもに限らず、多くの日本人にとって苦手なことだそうです。しかし、菊池学級の子どもたちには、この感覚が育っており、（語気が強くはなる場面はありますが）終始冷静に議論を展開しています。このことに関して、菊池氏は途中で次のようにコメントしています。

> **菊池**　表現が難しいというよりも、自分の考え方が違う。そんな人と対話をすることが難しいんですよね。でもそれを疎まないで、楽しめるような状態にしたいわけですよね。そこが一番の価値あることじゃないかなと私は思うんです。

たしかに菊池学級の子どもたちは、言葉も豊かでやり取りのスピードも圧倒的です。しかし、彼らの「迫力」とは、そうした現象面だけでなく、菊池氏が言うところの「自分の考え方と違う人と対話を楽しむ」姿からも伝わってくるのではないかと思います。そういう意味でも、私は菊池学級の子どもたちが、このような話し合いの中で「人と意見を区別する」ことができているということに大きな価値があると考えています。

では、菊池学級では、どのようにしてこのような感覚が育っていくのでしょうか。私は大きく二つのことを考えています。

一つ目は、菊池学級の子どもたちは「人と意見を区別する」といった「学び方」に関することを**体験的・感覚的に**学ぶことができているということです。菊池氏の授業では、「表のめあて」と同時に「裏のめあて」が強く意識されていると言われます[5]。ですから、子どもたちは、「人と意見を区別する」といった感覚も、日々、教室の中で教師や友達に**感化されながら**育てられていると考えることができます。特に、ディベートや「ディベート的な話し合い」では、機械的に立場が決まったり、自分の考えとは逆の立場で意見を述べることが推奨されたりするため、こうしたことを体験的に学ぶには好都合だと言えるでしょう。

二つ目は、菊池学級においては、「読む」「聞く」「話す」「書く」「話し合う」の学習が、**どれもコミュニケーション教育として位置づいている**ということです。菊池学級では、圧倒的な量の「読む」「聞く」「話す」「書く」「話し合う」の学習活動を通して、繰り返し自分の意見を作ったり、それを他者に伝えてお互いに評価し合ったりします。すでに述べましたが、「ディベート的な話し合い」では、これらの学習活動が複合的・総合的、かつ、めまぐるしいスピードで繰り返されます。ですから、菊池学級の子どもたちは、こうした学習を１年間続けることで、少しずつ「自分と友達は、違っていて

5 菊池省三・菊池道場『【白熱する教室】を創る８つの視点』（中村堂）p25

当たり前」「違うからこそ伝え合うんだ」「違うからこそ話し合うことは楽しいことなんだ」という感覚を育み、やがて「人と意見を区別して話し合う」こともできるようになっていくのではないかと思います。

4 「白熱する話し合い」から「考え続ける人間」を

以上、「困った」を「安心」に変えた先に、どのような子どもたちの学びが実現できるのかについて、菊池学級の映像をもとに考えてきました。結果、「安心」の先にある「白熱する教室」のイメージ、あるいは「他者と話し合うことを楽しむことができる子ども」のイメージをいくらかは明らかにすることができたのではないかと思います。何のために教室の「困った」を「安心」に変えるのか。本稿がそれを考える上での一つの足掛かりになれば幸いです。

最後に、映像の中で菊池氏は次のように語っています。

> **菊池** ここでこう白熱しますね。それをめざして１年間やっていくわけですね。現象としての白熱と、じゃあそこで意見は言っていないんだけど、自分の内側で、私はこう思うんだけど、ああこの意見聞いて、どう、ああかなって、内側で白熱するってことありますよね。この二つを考えたいなと。自分で考え続ける。そのために全体の話し合いで意見をもらう。もらったものをもとに、また自分の中で白熱する。考え続ける人間というか、そういったものにいくのではないかと思っています。

「考え続ける人間を育てる」

教室の「困った」を「安心」に変えた先に、菊池氏が描いている思いを一言で表すと、このような言葉になるのかもしれません。

おわりに

2020 年 1 月 12 日、岡山市の岡山コンベンションセンターで、「第４回菊池道場冬の陣 in 岡山」を開催しました。昨年の夏に開催した「第７回菊池道場全国大会」に続き、「コミュニケーション」をテーマとして正面に掲げた大会でした。

「菊池実践」を自治体として取り組んでいただいている地域の方々とのパネルディスカッションや、こども園、小学校、中学校、高等学校、社会人のそれぞれのお立場での実践報告をしていただき、最高の学びの一日となりました。「コミュニケーション」こそが、今の日本の社会に必要なものであると再確認した一日でもありました。

「コミュニケーション」の定義はいろいろあると思いますが、私は、「温かな人間関係」だと考えています。それぞれの現場で豊かなコミュニケーションが行われることで、民主的な社会が実現していくと信じています。

2020 年、私の夢である「コミュニケーション科」の設立に向けて、いよいよ具体的に動き始めてまいります。その実現が、日本の未来を創ることだと確信して。

「第４回菊池道場冬の陣 in 岡山」を終えた翌日に

2020 年 1 月 13 日

菊池道場　道場長　菊池省三

●著者紹介

【第１章】

菊池省三（きくち・しょうぞう）

1959年愛媛県生まれ。「菊池道場」道場長。元福岡県北九州市公立小学校教諭。山口大学教育学部卒業。文部科学省の「『熟議』に基づく教育政策形成の在り方に関する懇談会」委員。2019年度（令和元年度）高知県いの町教育特使、大分県中津市教育スーパーアドバイザー、三重県松阪市学級経営マイスター、岡山県浅口市学級経営アドバイザー　等。

著書は、「作文で読む菊池学級の子どもたち」「『教育』を解き放つ」「楽しみながらコミュニケーション力を育てる10の授業」（以上　中村堂）など多数。

【第２章】　※本書掲載順、（　　　）内は菊池道場所属支部名

鈴木麻奈充（三河支部）／加藤拓（三河支部）／近藤史親（三河支部）／岩月優子（三河支部）／伊藤太記（三河支部）／酒井大輔（三河支部）／長谷部浩一（三河支部）

【第３章】

西村昌平（岡山支部）／南山拓也（兵庫支部）／笹部裕也（兵庫支部）

【第４章】

藤澤稔（広島支部）／池田藍子（広島支部）／河内伯子（広島支部）

【第５章】

松島睦朗（熊本支部）／甲野裕理（熊本支部）／岩下学（熊本支部）／由川裕治（熊本支部）／倉岡佳世（熊本支部）／橋本慎也（熊本支部）

【第６章】

堀井悠平（徳島支部）／井戸省太（福山支部）／大西志帆（徳島支部）／中國達彬（福山支部）

【第７章】

中國達彬（福山支部）

※以上、2020年1月15日現在

教室の中の困ったを安心に変える102のポイント

2020年2月11日　第1刷発行

著　／菊池省三　菊池道場
発行者／中村宏隆
発行所／株式会社　中村堂
〒104-0043　東京都中央区湊3-11-7
湊92ビル4F
Tel.03-5244-9939　Fax.03-5244-9938
ホームページアドレス　http://www.nakadoh.com

編集協力・本文デザイン／有限会社タダ工房
カバー・表紙デザイン＆イラスト、本文イラスト／佐藤友美
印刷・製本／モリモト印刷株式会社

ISBN978-4-907571-63-4